러시아어 문체론

김성완 지음

СТИЛИСТИКА РУССКОГО ЯЗЫКА

신아사

머릿말

〈문체론〉에 대한 책을 집필하기로 한 것은 이 과목을 강의하면서 한국어로 된 참고도서가 거의 없었고, 러시아어 참고서적도 한 권으로는 마땅하지 않았기에 이를 보완할 수 있는 대안이 요구되었기 때문이며, 또한 현재의 러시아 사회에서 가장 활발하게 사용되지만 다른 과목에서는 집중적으로 다룰 수 없는 살아 있는 러시아어를 〈문체론〉이라는 틀 안에서 교육하기 위함이다. 본 책은 2부로 구성되며, 1부에서는 문체론의 정의와 음성, 어휘, 관용구, 조어, 형태적 수단, 통사적 구조, 전치사와 관련한 문체론의 유형에 대해 설명하고, 2부에서는 구어체, 중립체, 공식체가 다양한 상황에서 어떻게 발화하는지 살펴본다.

러시아어는 영어, 프랑스어, 중국어, 아랍어, 스페인어와 함께 유엔의 공용어이며, 러시아뿐만 아니라 구소련의 여러 나라들, 즉 백러시아, 우크라이나, 에스토니아, 라트비아, 리투아니아, 카자흐스탄, 우즈베키스탄, 기르기스스탄, 타지키스탄, 투르크메니스탄 등의 나라와 동유럽의 많은 나라에서도 널리 쓰이는 언어이다.

1917년 볼셰비키에 의한 사회주의 혁명으로 등장한 최초의 공산국가 소련은 1991에 옛 소련의 핵심국가인 러시아, 벨라루스, 우크라이나 3국 정상들이 모여 소련을 해체하고 느슨한 형태인 독립국가연합(CIS)을 결성하는 협정에 서명하기까지 냉전시대 공산권의 맹주로 미국과 함께 글로벌 강자로 군림했었다. 예전의 명성에는 미치지 못하지만 현재의 러시아도 한반도 주위 4대 강국의 하나로서 한국과는 정치, 경제, 외교, 문화적 측면에서 아주 밀접한 관련이 있다.

한국에서의 러시아어 교육은 6.25동란 직후 초토화된 조국이 풍요로워지기 위해서는 외국어교육과 함께 전세계로 진출할 인재양성이 중요하다는 것을 절감하고 1954년 1월에 영어과, 불어과, 중국어과, 독일어과, 러시아어과를 설치한 한국외국어대학교에서 시작되었다. 이후 고려대, 서울대, 조선대에 러시아어과가 설치되었고, 러시아와 수교한 1990년 이후에는 계명대학교를 비롯한 더욱 많은 대학에서 러시아어를 공부할 수 있게 되었다. 그러나 현재까지도 러시아어 문체론과 관련한 과목이 개설된 학교는 많지 않다.

본서는 기존에 러시아에서 출간된 문체론 관련 책들과 본인이 그간 강의한 자료들을 참고하여 재정리한 것이다. 이 책의 출간은 러시아어 기초, 또는 중급을 배운 사람들이 러시아어 문체론을 이해함으로써 러시아어를 더욱 깊이 있고, 다양하게 학습할 수 있도록 하기 위해서 출발하였다. 기존에 많이 나와 있는 다양한 러시아어 초급 관련 책들과 함께 러시아어를 학습하는 데 도움이 되기를 기대한다.

문체를 공부하기 위해서는 기본적으로 그 언어에 능통해야 한다거나 문학적 재능과 관련된다는 선입견을 가지는 경우가 많다. 이는 특히 외국어 교육에서 문체는 다루기 어려운 것이라는 주장을 담고 있다. 부언하면 문체에 대한 논의에서 심미적, 비평적 문제를 제기한다. 하지만 언어 교육에서의 문체는 일상의 구어와 문어에서 일반화된 것들과의 관계에 주목하는 것이어서 일정한 지표를 가지고 있다. 그러므로 언어 교육에서 문체를 도입하는 것은 예술적 창조나 미학적 판단이 아니라 형태적 수준에서의 표현을 다루는 것으로 한정할 수 있다. 어휘 확장과 함께 각각의 어휘들이 가진 미세한 의미 차이 등을 이해하는 데 도움이 된다.

본서는 문체에 대한 이론과 더불어 러시아어의 다양한 어휘를 익힐 수 있도록 하는 것에 집중함과 동시에 문체가 러시아의 실제 상황에서 어떻게 쓰이는지 고찰한다. 본 저서의 본문과 연습문제는 러시아어 문체론 수업에서 사용했던 책 'Общаемся на русском'[1), 'Практическая стилистика русского языка'[2), 그리고 러시아어 인터넷 말뭉치 사전 'ruscorpora.ru'에서 주로 인용하였음을 밝혀 둔다.

1) Баско Н.В. Общаемся на русском. 2016. 300 с. 본서의 각주와 참고문헌에 인용되는 책은 '저자. 서명. 출판연도. 페이지.' 순으로 표기한다. 저자가 2인 이상인 경우는 대표 1인만 표기하며, 번역서인 경우에는 번역자를 저자로 표기한다. 저자가 5인 이상인 경우에는 저자를 표기하지 않을 수도 있다. 페이지(с)가 숫자보다 뒤에 오면 전체 페이지를 나타내며, 페이지(с)가 앞에 오면 그 페이지, 또는 일부를 인용한 경우이다.

2) Лысакова И.П. Практическая стилистика русского языка для учащихся с неродным русским языком. 2007. 165 с.

이 책이 출간될 수 있었던 배경에는 나의 강의를 들었던 학생 중에 기존의 러시아어 학습에 만족하지 못하고 문체론을 포함한 더욱 다양한 분야의 러시아어에 대한 욕구를 드러내었던 계명대학교 러시아어문학과, 현재의 러시아중앙아시아학과 제자들이 존재한다. 나의 강의를 선택해서 들었고, 지금도 듣고 있는 제자들에게 감사를 전한다. 이 책이 출간될 수 있도록 도움을 주신 도서출판 신아사, 그리고 처음 원고를 받은 때부터 3교까지 수고해 주신 편집부 직원들에게도 감사를 드린다.

2022년 5월

저자 씀

목 차

I부 문체론과 언어학

II부 문체론의 실제

I 부

문체론과 언어학

1. 문체론 정의

‘문체(文體)’라는 말 자체는 이 말의 정의를 가장 축약한 형태이다. 문체란 ‘글 쓰는 법’, 더 구체적으로 한다면 ‘어떤 작가, 장르, 또는 시대의 고유한 글쓰기 방법’으로 정의할 수 있다. ‘글 쓰는 법’은 고대 그리스, 로마 시대에는 수사학의 대상이었다. 문체론은 현대의 수사학이라고 할 수 있으며, 새로운 문체의 과학이다. 문체론이란 용어가 처음 사용되었던 때에는 문체론과 수사학이 혼용되어 사용되었으며 오랜 시간이 걸려 문체론이란 용어가 정착되었지만 문체라는 용어의 개념이 너무 광범위하여 연구의 영역과 방법은 너무 다양하다. 본서에서 다루어지는 문체론은 언어 표현의 연구에 국한한다. 고대인들은 세 가지 기본적인 문체, 즉 ‘단순한 것’, ‘중도적인 것’, ‘숭고한 것’으로 나누었다. 이는 현대 러시아어 문체론과 크게 다르지 않다.

‘문체론’에 해당하는 러시아어 ‘стилистика’는 뾰족한 한 끝은 글을 쓰는 데 사용하고, 또 다른 끝은 뭉툭하여 지우개처럼 사용했던 고대의 필기도구 명칭이었던 ‘stylos’[1)]에서 유래되었다. 고대인들은 이 도구를 사용하여 밀랍으로 덮인 판에 자신의 생각이나 세상의 현상을 기록하였다. 어떤 이는 이 필기도구로 작고 둥근 기호, 다른 이는 크고 뾰족

---

1) ‘stylos’(라틴어 stilus)는 고대의 붓을 의미했고 그로부터 필적(筆跡)으로, 다음에는 문체(文體)라는 의미로 각각 뜻이 바뀌었으며 주로 수사학(修辭學)이나 시학에서 사용되었는데, 빈켈만이 그리스 미술의 변천을 양식에 의해 기술한 이래 미술사상(美術史上)의 중심개념이 되었고, 예술 일반에도 영향을 미치게 되었다.

한 기호, 또 다른 이는 그림을 사용하여 기록하였다. 자신이 가진 필기 도구, 'stylos'를 이용하여 다양한 표기 방법, 즉 각각의 고유한 표기 방법을 갖게 된 것이다. 이는 이 도구로 인해 다양한 필체가 생겼고, 이로부터 '문체'라는 개념이 발생하게 된 것을 의미한다.[2)]

러시아어뿐만 아니라 모든 언어는 기능적인 측면에서 크게 두 가지, 즉 문어체 (книжный стиль)와 구어체 (разговорный стиль)로 분류할 수 있다. 러시아어에서 문어체는 발화하는 주체의 발화 목적이나 의도를 실현하는, 즉 말하는 이유를 설명하는 발화의 수행적 측면, 발화의 내용과 관련된 의미적 측면, 그리고 음성 또는 문자 형태를 발화로 실행하는 것과 관련된, 다시 말해서 어떻게 말하거나 쓸 것인가와 관련된 언어적인 측면에 따라 공식체[3)] (официально-деловой стиль)[4)], 학술체 (научный стиль), 미디어체 (газетно-публицистический стиль), 예술체 (стиль художественной литературы)로 구분한다. 이를 정리하면 다음과 같다.

<table>
<tr><th colspan="2">기능에 따른 언어의 문체</th></tr>
<tr><td>문어체(книжный стиль)</td><td rowspan="2">구어체(разговорный стиль)</td></tr>
<tr><td>공식체(официально-деловой стиль)
학술체(научный стиль)
미디어체(газетно-публицистический стиль)
예술체(стиль художественной литературы)</td></tr>
</table>

2) 김민수 역. 러시아어 구어연구. 한국외국어대학교 출판부. 2008.

3) 본 논문에서 기능에 따른 러시아어 문체의 하부구조를 형성하는 문체(стиль)는 '구어체'에서처럼 '체'로 통일한다. 문어체의 하부구조를 형성하는 문체들은 '공식체, 학술체, 미디어체, 예술체로 표기한다.

4) 본서에서 앞 단어와 연관된 괄호는 붙이거나 한 칸 띄운다. 이는 띄어쓰기의 구분이 너무 길어져 문장이 이상하게 보이는 것을 방지하기 위함이다.

위에 열거된 각각의 문체는 발음, 어휘, 문법 등의 영역에서 자신만의 고유한 특징을 가진다.[5)]

먼저 공식체[6)]는 공식적인 서류, 발표문, 계약서, 공무상의 서신이나 업무상의 연락문, 국제간 서약서나 동의 등에 쓰인다. 명확한 표현을 위해 다의적 의미가 가능하거나 개인적 감정 표현이 드러나는 단어들의 사용을 지양한다. 일반적으로 정확한 문법에 기초하며, 불특정 다수의 대중을 향한 연설문에서 주로 나타난다.

학술체[7)]는 말 그대로 학술적 내용을 서술하기 위한 문체이다. 연구 결과를 기술하는 논문이나 리포트, 학술적 내용을 주제로 한 출판물 등에 나타난다. 당연히 전문 학술 용어들이 다수 사용되며, 공식체와 마찬가지로 정확한 언어 문법에 의한 글쓰기를 지향한다.

미디어체[8)]는 사회 전반에 걸친 의사소통 영역에서 자주 등장하는

---

5) Баско Н.В. Общаемся на русском. 2016. сс. 8-11.

6) 공식체의 대표적 특징을 구체적으로 살펴보면, 표현의 명확성을 추구, 표준 어휘와 문장을 사용, 감정적 색채의 어휘와 어구의 사용을 지양, 동사에서 파생된 명사형(признание, рассмотрение, обоснование)과 접두사 'не'를 가진 명사형(несоблюдение, невыполнение)의 사용, 복합 전치사(в целях, в силу, по окончании, по достижении)의 사용, 명사와 함께 하는 술어의 사용(оказать помощь, провести расследование, произвести расчёты), 행위의 완료를 강조하기 위하여 수동구문의 사용(оплата гарантируется, заявление рассмотрено) 등이다.

7) 학술체의 대표적 특징을 살펴보면, 구조적으로 명확하고 서술적 논리성을 추구, 감정적 색채가 드러나는 표현이나 이중 의미가 가능한 표현 배제, 통사적으로 복문 사용, 형동사 구문, 수동태 문장 비중 증가, 학술용어가 많으며 현재시제 사용 등이다.

8) 미디어체의 주요 특징은 표현성(экспрессивность)과 표준성(стандарт)을 들 수 있다. 한편, 최근에는 대중들의 관심을 자극하는 것에 집중하는 경향이 있다. 좀 더 구체적으로 미디어체의 특징을 나열하면 다음과 같다. 통일성을

어휘와 표현들이 사용되며, 정보를 전송하는 매체인 신문, 잡지를 필두로 최근엔 SNS 등을 통해 정보를 전달하거나 정치적 소견 발표 등을 할 때 주로 사용되는 문체이다. 불특정 다수의 의사결정이나 진리의 판단에 영향을 줄 수 있는 정치적 어휘(общественно-политическая лексика), 표현력이 풍부한 어휘를 자유롭게 이용하는 특징을 가진다.

예술체는 무엇보다 작가의 예술세계를 미학적으로 독자에게 전달해야 하는 목적을 가지고 있다는 점에서 여타의 문체와 크게 구분이 되며, 모든 장르의 문학 작품에 두드러지게 나타난다. 저자의 문학 세계에 따라 다양한 문학적 표현 기법을 사용하여 미학적이고 풍부한 표현력을 지향하며, 독자와의 극대화된 소통을 위해 자유롭게 언어의 모든 문체적 스펙트럼, 즉 문체에 구애받지 않고 고어, 구어, 사투리, 저속어, 은어 등은 물론이고 다양한 비유, 의인화, 문법 일탈 등을 이용한다.

구어체[9]는 주로 대화체에 해당하는데 일상에서 흔히 일어나는

지향, 다시 말해서 정보 전달을 위한 언어 표현 수단의 표준화의 일환으로 신문전용의 어구(неуклонный рост, дальнейшее развитие, резкая критика), 널리 잘 알려진 관용구(крылатая фраза, мишка косолапый, добрый молодец, решающий момент, упорный труд)의 사용, 독창적인 조어 방식, 즉 접미사 '-щина'(военщина), 접미사 'по'가 붙은 부사 형태 단어(по-рабочему), 접두사 'не'가 붙은 형용사(несгибаемый), 차용된 접두사 'анти-', 'про-'를 이용한 조어(антигосударственный, профашистский), 형용사, 형동사, 수사의 명사화(претворить в жизнь задуманное, с конвейера сошёл первый миллион), 풍부한 표현력과 강한 설득력, 비유, 정형화된 표현, 독자 맞춤형 표현 등이 있다.

9) 구어체를 어휘적, 형태적, 통사적 특징으로 나누어 간략하게 나열하면 다음과 같다. 어휘적 특징으로는 대화체 어휘의 사용(тараторить, балагурить), 구체적 의미를 가진 어휘(хлеб, комната, метро), 주관적 감정을 담은 접미사가 첨가된 단어 생성(бабуля, папочка, домишко, домище, домина), 감정을 강하게 표현하는 효과를 발휘하는 어휘의 생성(безголовый, бахвалиться), 두 단어의 축약에 의해

대화나 소통에서 쉽게 접할 수 있는 문체이다. 청자에 대한 화자의 태도(농담, 친근함, 야유 등)를 직접 드러내는 여러 가지 어휘와 문구의 사용이 가능하다. 따라서 화자의 감정이 과격하게 표현되어야 할 상황이라면 때때로 슬랭(сленг[10])이나 비표준어, 또는 비속어(просторечие) 등의 넓은 어휘 영역을 이용하여 표현을 극대화하기도 한다. 비속어는 일련의 특정 집단이나 그룹, 직업군에 속하는 사람들 (학생, 교도소 수인, 군인, 축구 광팬 등) 간의 의사소통을 위한 그들만의 어휘라고 할 수 있다. 비속어는 일종의 사회적 사투리, 방언(социальный диалект)이라 할 수 있다. 이러한 어휘와 일상 대화체 어휘와의 구분은 때때로 매우

형성된 단어의 사용(коммуналка, сгущёнка, неотложка), 원단어를 축약하여 사용(нал, баскет, бутер), 사람을 의미하는 명사의 잦은 사용(직업 관련: медик, 질병관련: сердечник, желудочник, 아이의 연령과 관련: грудник, дошкольник, старшеклассник, 교육형태와 관련: вечерник, заочник), 관용어구의 사용(ударить по карману, валять дурака, втереться в друзья) 등이 있으며, 형태적 특징으로는 명사보다 동사의 잦은 사용, 일회성과 다회성 행위를 나타내는 동사의 사용(сиживал, говаривал, толканул, долбанул), 동사 파생 명사, 형동사, 부동사 등의 미사용, 대명사(этот, самый, такой, какой-то)의 잦은 사용, 축약된 형태의 접속사, 소사의 사용(хоть, чтоб, уж) 등이 있으며, 통사적 특징은 축약 형태 문장의 사용(Он - назад. Мне - неполную.), 단문, 의문문, 감탄문의 잦은 사용, 명령문에서 주격 명사가 문장 앞에 위치(Пушкинская, выходите? Дети, посмотрите!), 표준적인 어순이 아닌 문장(Я познакомлю тебя с девочкой одной, очень хорошей.) 등이 있다.

10) 러시아 학자들도 арго(은어), жаргон(계층어), сленг(슬랭)의 개념을 정확히 구분하지 않고 사용하는 경우도 많다. 슬랭과 은어가 계층어와 같은 의미로 쓰이거나(Ахманова, 1966; Лихачев, 1964), 은어와 계층어(Будагов, 1965; Фомина, 1973; Шанский, 1972), 슬랭과 계층어(Скворцов, 1972)가 같은 의미로 쓰이고 있다. 이는 슬랭, 은어, 계층어의 개념이 의미적인 측면에서 너무 가깝기 때문이며, 실제적인 발화에서 슬랭, 은어, 계층어는 혼합적으로 사용이 되는데, 현재도 이들 개념의 경계설정은 논란의 중심에 있다.

불분명하기도 하다. 특히 학생들이나 젊은 층 사이에서 통용되는 새로운 언어는 신조어로 등극 되기도 하고, 그들의 문화를 대변할 뿐만 아니라 사회 언어의 변화가 가진 고유 양상을 보여주는 대표적인 현상이기도 하다. 예를 들면, общежитие - общага (기숙사) / университет - универ (대학) / одежда - прикид (옷) / шутка - прикол (유머, 농담)과 같은 것들이 있다.[11)] 이와 같은 학생들 간의 언어적 변화는 그들의 문화적 텍스트의 반영이기도 하며, 언어 변화의 근간이 되기도 한다. 그 변화의 주된 양상은 주로 긴 단어를 짧고 단순하게 하거나 발음하기 편하게 하기 위한 것, 즉 언어의 경제성을 추구하는 것이 많다.[12)] 기숙사와 대학에 대한 표현이 이에 해당 한다. 그런가 하면 옷이나 유머 등은 새로운 조합의 다른 어휘로 대체되어 사용되고 있는데, 이러한 현상은 언어 조합의 형태적 변화와 함께 그들의 문학적 맥락을 유추하는 연구 수행의 동기를 부여한다. 이와 같은 어휘들은 벨치꼬프[13)](Бельчиков Ю.А.)가 언급한 바와 같이 현대 러시아에서 점점

---

11) 특정 집단의 언어 사용에 관한 고유 양상과 변화에 관한 자세한 사항은 다음의 논문을 참조할 수 있다. 김성완. 러시아어 슬랭의 주제별 그룹에 대한 연구. 비교문화연구 23집. 2011. 본서에 인용하는 논문은 각주와 참고문헌에 동일하게 '저자. 논문명. 학술지명. 출판년도. 페이지.' 순으로 한다. 전반적인 내용에 대한 인용은 페이지를 표시하지 않는다.

12) 이는 한국의 학생들 사이에서도 흔하게 나타나는 양상이라 할 수 있다. 단어뿐만이 아니라 어구 등도 축약하여 단순하게 이야기하는 것은 매우 일상적인 변화가 되었다. 예를 들면, '갑분싸'(갑자기 분위기가 싸해지다), '단짠'(달고 짠 맛), '지못미'(지켜주지 못해서 미안해), '카공족'(카페를 학습 공간으로 사용하는 사람), '흠좀무'(흠, 이게 사실이라면 좀 무섭군) 등이다.

13) 한국어 러시아어 표기법은 한국어 영어 표기법에 기대어 기술되고 있지만, 본서에서는 최대한 원어 발음에 가깝게 표기하였음을 밝힌다.

그 영역을 넓혀 일상적으로 통용되는 단어가 될 수 있으며, 이들 중 다수의 어휘와 표현들이 시간이 지나면서 표준 러시아어 사전에 일상 대화체 영역으로 귀속되기도 한다.[14)]

한편, 러시아 표준어를 구성하는 모든 어휘, 어구, 문법, 문장 구조 등은 세 개의 그룹, 즉 중립체(нейтральный стиль), 문어체(книжный стиль), 구어체(разговорный стиль)로 세분화할 수 있다. 문체론의 기본 개념에 대해 정의를 내릴 때 '언어 스타일'과 '기능적 스타일'의 두 가지를 고려하게 되는데, 위의 세분화는 '언어 스타일'에 기대어 한 분류이다. 반면, 앞서 기술했던 문어체의 4가지 분류는 발화의 기능적 스타일을 고려한 분류에 해당한다.[15)]

중립체는 모든 문체에서 사용될 수 있는 것이다. 이 문체에 해당하는 어휘나 어구들은 표현 대상이나 현상 등을 중립적인 입장에서 표현한다. 예를 들면, 단어 'дом' (집), 'работать' (일하다), 'красивый' (아름다운), 'светло' (밝은) 등이다.

문어체의 어휘들은 공식체, 학술체, 때로는 미디어체 등에서 주로 사용된다. 매우 강한 정중함과 엄격함을 드러내는 어휘들이 많이 이용된다. 구체적으로 간단히 예를 들면, 문어체에서는 'профессора' (교수들) 대신에 'профессоры'를 자주 사용하며, 접속사 'потому что, так как' (왜냐하면) 대신에 'ибо'와 같은 접속사를 주로 사용한다.

---

14) Бельчиков Ю.А. Практическая стилистика современного русского языка. 2008. с. 34.

15) 김민수. 30쪽. 인용한 저자의 책이나 논문이 하나일 경우는 저자의 이름과 페이지만 표기한다.

구어체는 가까운 지인이나 동료와의 일상적인 대화에서 주로 나타나며, 친근함과 격식에서 자유로운 단순함을 특징으로 한다. 예를 들면, 중립체 어휘에 해당하는 'отец' (아버지) 대신에 구어체에서는 'папа'라는 어휘가 주로 사용되며, 'гардероб' (외투 보관하는 곳)가 아닌 같은 의미의 'раздевалка', 그리고 'электропоезд' (교외선)은 'электричка'로 표현된다. 단어뿐만이 아니라 어구도 달리 표현되는데, 한 가지 예를 들면, 'самый обычный студент' (가장 학생다운 학생)와 같은 어구는 'студент как студент'로 달리 표현되어 사용된다. 'голова' (머리)라는 단어는 중립체에 속하는 단어이다. 머리가 'башка'로 표현되었다면 그 텍스트는 구어체에 가까우며, 만일 'глава'로 표현되었다면 그 텍스트는 문어체 텍스트라고 할 수 있다. 이같이 대상을 어떻게 표현했느냐에 따라 발화된 텍스트의 문체는 달라진다. 이뿐만 아니라 구어체에서는 반복, 감탄, 유감, 놀람 등을 나타내는 소사가 매우 자주 사용되는 통사적 구조의 특징을 가지기도 한다. 예를 들면, 'Вот те раз!, Вот те на!' (아이구, 저런!) 등과 같은 어구들이 자주 사용된다. 이러한 어구의 사용은 발화 주체의 감정에 대한 표현력을 극대화하는 효과를 준다.

러시아어에서 상대방의 말을 경청하겠다는 태도로 상대방의 발화를 독려하기 위한 문장은 다양하다. 각각의 문장에 쓰인 어휘나 문법 구조, 어조, 태도는 각각 고유성을 가진다. 그 다양한 문장의 예를 열거하면 다음과 같다.

1) Я вас слушаю.
2) Я весь внимание[16).

3) Готов я внять твоим речам.
4) Ну, что у тебя там?
5) Давай, выкладывай, не тяни резину!

1)은 가장 일반적으로 쓰이는 중립적인 표현이라 할 수 있다. 2)는 공식적 어조를 드러내고 있으며 대화자들이 서로 정중한 태도를 유지하고 있다. 3)은 현재 잘 쓰이지 않는 동사 'внять'를 사용함으로써 어려운 문체의 장엄한 분위기를 나타내고 있는 반면에 그 분위기와 적합하지 않게 대화 상대를 'ты'(너)라고 호명하고 있다. 이와 같은 의도적인 불일치는 일종의 농담이나 유머를 위해 사용되는 것이 일반적이다. 한국어 표현 '네 마음대로 하세요'가 여기에 해당한다. 4)는 구어체 문장으로서 발화자의 이야기에 귀 기울이지 않고 산만한 태도를 보이는 상대방에 대한 일종의 힐책을 나타낸다. 'Ну'라고 하는 소사의 사용은 발화자의 짜증 섞인 감정을 드러내는 기능을 하고 있다고 볼 수 있다. 이미 앞서 언급한 바와 같이 구어체에서 소사의 사용은 발화자의 감정 상태를 극대화하는 효과를 준다. 5)는 매우 단순하고 투박한 어조의 문장이다. 'выкладывай'라는 명령형 형태의 동사는 '말하다'라는 의미의 'говорить' 동사를 대신하고 있는데 그 어휘는 비속어(просторечное слово)에 속한다. 한국어와 비교하여 근접한 예를 들자면, '말해봐!' 대신에 '지껄여 봐!'를 사용하는 것이 이에

---

16) 본 문장은 비문이 아니다. 이 문장에서의 주어는 'Я', 술어는 'внимание'가 된다. 따라서 이 문장에서 'весь'는 주어 'я'의 인칭과 수에 따라서 바뀔 수 있다. 즉, 'Я вся внимание', 'Мы все внимание'란 문장이 가능하다.

해당한다.[17)]

위의 예에서 살펴본 5개의 문장은 제각각 다른 어조를 가지는데, 이는 이 발화가 일어나는 다양한 상황이나 이 대화자들의 다양한 지위 등과 깊은 연관성을 가진다. 이처럼 각 문장이나 발화가 가진 문체의 차이는 발화자가 사용하는 단어나 문장에 녹아있는 지시적 의미와 함께 내포적 의미, 혹은 맥락적 의미를 드러낸다. 내포적 의미를 구성하는 요소는 크게 두 가지로 분류할 수 있다. 첫 번째는 발화자가 사용하는 어휘가 문어체와 구어체, 단순체, 고어 등에 속하는 경우이며, 두 번째는 발화자의 긍정적이거나 부정적인 감정 상태와 관련이 있다.

단어가 가진 지시적 의미와 다르게 단어가 가진 내포적 의미는 발화자, 또는 시대적 상황과 흐름에 따라 매우 다양하게 나타날 수 있다. 예를 들면, 구소련 시대에 '지도자'라는 지시적 의미가 있는 'вождь'라는 단어는 레닌이나 스탈린을 지칭하는 단어로 보편적으로 사용되었으며, 19세기에 보편적으로 '신사'라는 지시적 의미로 널리 사용되었던 'господин'은 이제는 '동료, 친구, 동무'라는 지시적 의미를 나타내는 'товарищ'라는 단어의 의미를 대체하는 단어로 통용되고 있다. 이는 사회주의 혁명의 흐름 속에 언어가 겪게 되는 일종의 변화를 반증하는 현상이며, 언어의 구조나 의미, 규칙 등의 변화가

---

17) 한국어 문체론에 대한 단행본이나 연구 논문은 상당히 제한적이다. 한국에서 문체론은 어학적 문체론과 문학적 문체론으로 나눌 수 있다. 김흥수(문학텍스트와 문체론. 한국어학 25. 2004. 1-21쪽)는 작품, 작가의 문체에 대한 어학적 접근법을 크게 세 가지, 즉 다양한 문체의 일환으로 살피고 기술하는 것, 일상어가 문학어에 관여하는 양상과 문학어의 특성을 살펴 이해하고자 하는 것, 문체와 문학성을 분석, 해석하는 것으로 나누었다.

시대적 상황이나 문화적 맥락과 깊이 연관되어 있음을 보여주는 대표적인 예라 할 수 있다.

지금까지 설명된 각각의 문체 특징에 대한 해박한 지식은 발화자 혹은 글을 쓰는 주체에게 전하고자 하는 내용을 보다 명쾌하고 정확하게, 그리고 설득력 있게 표현할 수 있게 할 뿐만 아니라 발화자나 글쓴이가 말하고자 하는 바를 더욱 명확히 이해할 수 있는 계기 또한 마련한다. 일반적으로 화자가 사용하는 모든 문장에는 그의 사회적 지위, 역할에 따라 변별되는 어휘, 문법 구조 등이 나타나기 때문이다.

문체론은 대화나 작문의 목적이나 상황, 참가자에 따라 다르게 나타나는 말이나 글의 내용을 연구하는 학문이다. 동료와 인사를 나눌 때 “좋은 아침!”이라고 이야기할 수도 있고, “안녕하시죠?”라고 할 수도 있다. 같은 연배의 친구이거나 동료인 경우, 단순히 “안녕!”이라고 말할 수도 있다.

그런가 하면 누군가를 부를 때 친한 사이인 경우, 간단히 이름을 부를 수도 있지만, 공식적인 모임이나 격식을 갖추어야 하는 자리에서는 성과 이름에 존칭어까지 붙여 불러야 한다. 예를 들어 알렉세이(Алексей)라는 이름은 알료샤(Алёша), 알료셴까(Алёшенька), 알료쉬까(Алёшка) 등 다양한 변이형으로 불릴 수 있다. 이러한 변이형들은 각각의 고유한 의미 내용을 가지며, 다양한 상황에서 사용될 수 있다. 달리 말하면, 이 다양한 이름의 변이형들은 특정 인물을 지칭하는 다른 수단이 된다.[18] 러

18) 김민수. 6쪽.

시아어 학습자로서 능통한 러시아어를 하고자 한다면 이와 같은 러시아어의 특수성에 민감해야 할 것이다. 앞서 설명된 이름의 변이형뿐만 아니라 러시아의 모든 어휘, 어구, 문장은 가깝거나 먼 사이의 사람들과 대화를 하거나 글을 통해 서로 간 소통을 하게 될 때, 다양한 상황은 물론이고 대화를 하거나 글을 쓰는 사람의 성향이나 직업, 지위, 사회적 역할 등등의 요소에 따라 그 형태가 다양하게 나타난다. 이러한 언어의 기능적 측면을 연구하는 것이 문체론이라 할 수 있다. 달리 말하면, 러시아어 화자가 구체적인 의사소통 상황 및 주변 상황에 맞게 본인의 생각과 의도, 청자에 대한 자신의 태도, 청자와의 관계 정도를 최대한 명확하게 표현하기 위한 효율적인 방법을 터득할 수 있는 학문이라 할 수 있다.

2. 음성, 어휘, 관용구와 문체

2.1. 개요

문체의 개념을 이해하는데 직접적인 연관이 되는 언어는 의사소통 수단인 기호들, 즉, 음성, 문자, 단어, 문장 등의 체계를 가진다. 언어의 구조는 하나의 건물로 비교할 때, 제일 아래층은 말 또는 발화(речь)의 지각 단위가 되는 음성(звук) 또는 음소(фонема)[19]이며, 다음 층은 의미의 최소 단위인 형태소(морфема), 그 위층은 어휘소(лексема), 그 위층은 문장(предложение)이 된다.[20] 음성, 형태소, 단어(어휘), 문장 등은 문체론 연구 층위를 이루는 형성 단위로서 문체론 연구의 층위는 음운문체론, 형태문체론, 통사문체론, 의미문체론 등으로 구분될 수 있다.[21]

음운은 음성학적 단위로서 자음, 모음, 음절이 이에 속한다. 자음과 모음, 음절의 형태가 어떻게 바뀌는가에 따라 문체의 변화가 일어날 수 있다는 것이다. 이해를 돕기 위하여 한국어를 예로 들자면, '딸랑딸랑'과 '달랑달랑'의 느낌이 다르고, '중얼중얼'과 '종알종알'의

19) 말이 아닌 글에서는 문자(буква)가 된다.

20) 문장들로 이루어진 글인 담화 또한 문체론 연구의 층위로 보기도 한다. 박영순. 문체론의 성격과 문체 유형에 대하여. 한국어문교육 59호. 1992. 이 논문에서 필자는 문체론의 선행연구들이 문체론을 이루는 형성요인에 대한 연구가 깊지 않았음을 지적하면서, 문체론 전체를 거시적으로 종합화하려는 시도의 일환으로 문체 형성 단위를 5가지로 제시하고 있다.

21) 박영순. 18쪽.

느낌이 다른 것과 같다.

형태소는 가장 작은 의미 단위로서 문장을 구성하는 주요한 요소이다. '밟다', '짓밟다'와 같이 어떤 형태소를 선택하느냐에 따라 그 의미와 느낌은 확연하게 달라진다. 즉 어휘 선택이 달라짐으로써 의미가 달라질 수도 있다는 것이다. 예를 들면 다음과 같은 문장을 들 수 있다.

그는 종종 '엉뚱한' 생각과 행동을 한다.
그는 종종 '이상한' 생각과 행동을 한다.

위 두 문장에서 구분되는 단어는 '엉뚱한'과 '이상한'이다. 얼핏 보면 두 문장의 의미가 크게 느껴지지 않는다. 그러나 첫 번째 문장은 그가 정상적인 사람으로 가끔 일반적인 기대나 상식에서 어긋나는 특이한 생각이나 행동을 하는 사람이라는 의미가 강한 데 반해, 두 번째 문장에서 그는 조금은 정신건강 상태에 대한 의문을 갖게 할 수 있을 정도로 일반적이지 않은 사고와 행동을 한다는 의미가 내포되어 있다. 이처럼 어휘 선택에 따른 의미의 변화와 함께 문체의 변화도 가능해진다.

문장의 형식과 문체의 관계는 더욱 밀접하다. 동일한 내용을 서술하는 말이나 글이라 할지라도 문장의 형태, 즉 서술문, 의문문, 명령문에 따라 문체가 달라질 수 있으며, 능동문, 피동문인가에 따라서도 문체는 변할 수 있을 것이다.

문장이 이어지는 담화는 저자 혹은 발화자의 특별한 목적, 환경, 인성, 지적 수준, 수신자나 청자의 상황과 그들과의 관계 등의 수많은 요인에 의해 형성되는 문체를 가지게 된다. 부언하면 개인의 언어환경, 개성, 심리, 표현력 등에 의해 형성되는 개인적 문체와 더불어 담화는 사회 정치적 요인, 문화적 요인, 언어적 요인 등에 따른 사회적 문체가 복합적으로 나타나는 성격을 갖게 될 것이다. 본 장에서는 문체형성 요인과 문체의 변화를 살펴보고자 한다.

2.2. 음성과 문체

러시아어 원어민이라 할지라도 음성의 변화에 의한 문체의 변화를 감지하는 것은 쉬운 일이 아니다. 이는 학문의 영역에 속하는 지극히 이론적이라는 한계를 가지고 있다. 저명한 러시아 음성학자 빠노프(Панов М.В.)는 이러한 내용과 관련하여 특정 의사소통 상황에서 격식이 필요 없는 일상적인 발화의 경우, 사람들은 일상적으로 자주 사용되는 구어체의 발성 변이형[22]을 사용하며, 스스로 그렇게 발음하는 것을 인식하지 못한다고 지적한 바 있다.[23]

따라서 러시아어 문체에서 음운에 따른 문체의 변화를 습득하는 것

22) 발음 변이형은 표준어 발음을 제대로 하지 못하는 조음 습관과는 구분되는 것이다. 불확실한 조음에 의한 틀린 발음에 관하여 러시아의 저명한 연출가, 스타니슬랍스끼(Станиславский К.С.)는 사람들이 아무렇게나 불분명하게 발음함으로써 단어들이 한 덩어리로 뒤엉켜 들리면, 꿀 병에 빠진 파리를 연상하게 된다고 말한 바 있다. 이는 정확하지 못한 부주의한 발성 태도를 지적한 것이다.

23) Панов М.В. Русский язык и советское общество. Фонетика современного русского литературного языка. 1968. с. 106.

은 외국인 학습자에게 실질적으로 거의 불가능한 일이다. 그러나 음운에 따른 문체 변화에 대한 기본적인 개념을 습득하기 위하여 음성학적 구분, 즉 단어의 발성에 따른 문체의 변화를 간략하게 살펴보고자 한다.

러시아어 발성 스타일은 두 가지로 나누어진다. 완전한 발음(полное произношение)[24]과 불완전 발음(неполное произношение)[25]이다. 완전한 발음 형태는 명확한 이해를 돕기 위해 정확한 발음을 하는 것을 말하며, 이는 단어의 음운이 가진 음가를 최대한 소리 내는 것이다. 일상에서의 자연스러운 대화에서는 적합하지 않은 발음 형태이다. 반면, 일상적 대화의 구어체에서는 빠르고 정확하지 않은 발음을 특징으로 한다. 이때는 단어가 가진 음가의 강한 축약이나 합성, 생략 등이 일어난다.

구어체의 발성 특징은 단어 발음에 있어 매우 높은 가변성을 가진다는 것이다. 같은 단어라 할지라도 발음하는 사람에 따라 매우 다양하게 여러 가지 형태로 발성될 수 있다. 말하는 사람, 즉 화자의 말하는 속도, 말하는 습관이나 개성은 물론이거니와 화자의 기분이나 감정, 건강 상태에 따라서도 다르게 발음된다. 아래는 다양하게 발성된 예를 제시한 것이다.

---

24) 쉐르바(Щерба Л.В.)는 단어는 가장 이상적인 음성적 구성을 갖는다고 말한 바 있다. Щерба Л.В. О разных стилях произношения и об идеальном фонетическом составе слов. Избранные работы по русскому языку. 1957. cc. 21-25.

25) 러시아의 저명한 언어학자 아바네소프(Аванесов Р.И.)는 불완전한 발음과 옳지 못한 발성에 의해 정확한 발음이 왜곡되어서는 안 된다고 피력한 바 있다. Аванесов Р.И. Русское литературное произношение. 1984.

будет: [bud′et] - [budjt] - [buьt] - [buь]
наверное: [nav′e′rnъ] - [nae′rnъ] - [nъn]
всегда: [fs′igda] - [fs′idá] - [fs′edá] - [s′igdá] - [s′idá]

위의 예에서 알 수 있듯이 구어체에서 단어들이 발성될 때 축약되어 나타나기도 한다. 러시아어에 능통한 외국인이라 할지라도 이와 같은 가변성 높은 구어체의 발음은 때때로 전혀 이해하기 어렵다. 왼쪽에서 오른쪽으로 갈수록 그 발성 양상은 외국인 학습자로서는 따라하기도 힘든 형태로 나타난다. 위에 제시된 발성의 가변성은 발음과 문체의 변화에 대한 개괄적인 이해를 돕기 위한 예일 뿐이다. 현실적으로 불완전한 발성 스타일을 완벽하게 터득하는 일은 거의 불가능할 수 있으며 외국인의 러시아어 학습에 있어서 필수적인 것은 아니다. 다만, 러시아어 일상 구어의 발성 특성이나 발성의 가변성이 존재한다는 것을 인식하는 것은 현실에서 그와 같은 발성의 화자를 만났을 때, 그와의 원활한 소통을 위해 도움을 줄 수 있다.

러시아어 일상 구어에서 가장 많이 쓰이는 단어의 하나가 러시아어 인사말, 'здравствуйте'(안녕하십니까?)일 텐데 이 단어의 변화무쌍한 발음 형태를 살펴보자. 가장 정확한 발음 형태는 [zdrбstvuit'ь]이다. 이 외에 화자에 따라 나타나는 발성 변이형을 보면, [zdrбstыit′ь] - [zdrбst:'ь] - [zdrбs′:t′ь] - [dras′t'] - [ras′t] - [zъы′] - [s′:]과 같다. 마지막 발성 형태는 믿기 어려울 정도로 축약되어 있다.

다음은 'говорить' 동사의 3인칭 단수와 복수 형태, 1인칭 형태의 구어체 발성 형태를 보여주는 것이다. 마지막으로 갈수록 초성 이외의 자음과 모음 음가는 사라지고 발성은 짧아진다.

говорит	говорят	говорю
[gъvъr´it] [gъъr´it] [gъit]	[gъvъr´бt] [gъir´бt] [gъьr´бt] [gъat]	[gъvъr´ъ] [gъr´ъ] [gr´u] [gu]

지금까지 기술된 발성 변이형 이외에 불완전한 발음으로 흔하게 나타나는 현상으로는 불필요한 음성 첨가[26], 음성교체[27], 음성 위치 교체[28], 연자음 위치에서 경자음 발음[29] 등의 예를 들 수 있다.

일상대화 상황에서 나타나는 불완전 발음 스타일은 구어체에서 매우 전형적인 현상이다. 러시아 원어민의 빠른 발화 속도, 극히 약화된 자음과 모음의 음가 등은 외국인에게 그들의 발화 내용을 이해하지 못하게 하는 요소가 될 수도 있다. 따라서 구어체에서 흔히 나타나는 발성 현상에 대한 이해는 실생활에서 일어나는 러시아어를 쉽게 이해할 수 있게 한다.

---

26) 다음과 같은 예를 들 수 있다. 'почерк'에 음성 'д'가 첨가되어 'подчерк'로 발음되는 경우. 'дерматин'에 음성 'н' 첨가, 'дермантин'으로 발음. 'будущий'에 음성 'ю'가 첨가되어 'будующий'로 발성하는 경우. 김민수. 41쪽.

27) 'лаборатория'를 'лаболатория'로 발음하는 경우를 예로 들 수 있다. 이외 'заём'을 'займ'으로 발성하기도 한다.

28) 'пуловер'를 'полувер'로 발음하는 경우를 예로 들 수 있다.

29) 대표적인 예로 'кофе'에서 'ф'를 경자음으로 발성하는 경우이다.

2.3. 어휘 선택과 문체

개요에서 설명한 바와 같이 어휘의 선택에 따라 문장의 의미뿐 아니라 문체 역시 달라질 수 있다. 풍부한 어휘를 특징으로 하는 러시아어는 특히 문체에 따른 어휘 선택의 폭이 매우 넓다. 같은 의미를 전달하는 경우에도 선택된 단어나 관용어구에 따라 문체의 변화가 명확해진다.

예를 들어, '먹다'라는 의미의 'есть', 'кушать'는 중립체이다. 하지만 '먹다'라는 행위를 나타내는 다양한 어휘가 존재한다. 어휘의 다양함은 곧 문체의 변화를 의미한다. 그 어휘들을 구체적으로 나열하면 다음과 같다.

1) жрать, лопать, трескать, рубать
2) уплетать, уписывать, убирать, уминать
3) вкушать
4) глотать, поглощать, пожирать, наворачивать

1)의 동사들은 저속한 표현에 해당하는 비속어(грубо-простая речь), 2)의 동사들은 표준화된 표현에는 미치지 못하는 비표준어 혹은 단순어(простая речь)에 해당한다. 3)의 동사는 일종의 고어(古語), 옛말로서 고풍적인 표현에 어울리는 어휘라 할 수 있다. 4)의 동사는 일반적으로 쓰이는 구어체에 속하는 어휘이다.

이와 같은 구분이 모든 어휘에 해당하지 않으며, 그 분류 또한 통일되어 있지 않은 것도 사실이다.[30] 하지만 러시아어가 가지는 어휘의 다양

30) 'лопать' 동사의 경우, 오제고프 사전에서는 단순어로 분류되고 있다. 그런가 하면

성, 풍부한 표현력의 가능성을 보여주는 좋은 예라 할 것이다.[31)]

이처럼 말과 글의 목적이나 대상, 주제에 따라 어휘와 관용어구 등이 선택적으로 사용된다. 같은 주제를 가지고 글을 쓴다고 할지라도 공식적인 문서와 친한 친구에게 쓰는 편지에 사용하는 단어와 관용구는 달라진다. 일반적으로 널리 사용되는 중립체 어휘들은 구어체에 적합한 어휘 (разговорная лексика)와, 공식문서나 전문서적, 신문기사 등에 적합한 문어체 어휘(книжная лексика)로 각기 다르게 표현될 수 있다. 예를 들면, 중립적 어휘, 'приехать'(도착하다) 동사와 같은 의미를 가진 'прибыть', 'прикатить' 동사가 있는데, 전자는 문어체 어휘로, 후자는 구어체 어휘로 분류된다. 아래의 표는 이와 같은 예를 열거하고 있다.

중립체	문어체	구어체
Петербург	Санкт-Петербург	Питер
хотеть	жаждать	
бегать		носиться, мотаться
гигант		махина
снова		по новой
смотреть	взирать	глазеть
вечные	нетленные	
жалеть	скорбеть	
осмотреть	обозреть	
прекрасный	пленительный	обалденный
внешний вид	облик	
старый	вековой	
прошлый	былой	
восстанавливать	реставрировать	
До свидания!	Всего доброго!	Пока!

'уплетать'는 구어체 어휘로 분류되었다. Ожегов С.И. Словарь русского языка. 1990.

31) 이와 같은 분류에 따른 어휘가 주는 문체의 특성을 좀 더 쉽게 이해하기 위하여 한국어와 굳이 비교한다면, 한국어의 '먹다'라는 중립체의 어휘는 '먹어 치우다'의 비표준어 어휘와 '쳐먹다'라는 저속한 표현의 어휘를 예로 들 수 있을 것이다.

다음은 "Сколько стоит?"(얼마입니까?)에 대한 대답으로 쓰이는 돈과 관련된 구어체 혹은 비속어의 표현을 보여주는 표이다. 돈의 표현에 있어 구어체와 비속어의 형태는 일반적으로 널리 쓰이는 중립체의 어휘와 비교하여 고유한 형태의 어휘들로 이루어져 있다. 한편, 'деньги'(돈)은 구어 혹은 속어 표현으로 'медь'(동), 'серебро'(은)[32], 'капуста', '미화'는 'зелёные'라고 표현되기도 한다.

중립체	구어체, 은어
сто рублей	сотня, стольник
тысяча рублей	штука, кусок
миллион рублей	лимон
миллиард рублей	ярд

러시아어 학습자로서 중립체의 어휘들을 우선하여 익히는 것은 무엇보다 중요하다. 하지만 중립적인 어휘와 같은 의미의 또 다른 어휘들을 익히고, 그 어휘들이 가지는 문체적 특성을 이해하는 것은 러시아어를 더욱 깊이 이해할 수 있는 지름길이라 할 수 있다.[33] 외국어 학습에 있어서 표준어에 속하는 어휘나 표현 등을 익히는 것은 우선적 과제임이 분명하다. 그러나 일상에서 이루어지는 대화에서 표준어만 사용되지 않는 것이 현실이다. 실제 러시아 원어민의 일상적 대화 또는 문학 작품에서 자주 접하는 구어체의 어휘들과 표현에 대한 학습은 생활 회화의 능숙함만이 아니라 러시아 문학을 이해하는 데에도 큰 도움이 될 것이다. 문학 작품에 쓰이는 구어체 어휘와 표현의 예는

32) 오래전 금속으로 만들어진 돈에 대한 은유적 표현일 것이다.

33) Солганик Г.Я. Стилистика текста. 1997.

무궁무진하다. 다음은 두보프(Дубов Н.)의 단편 일부를 발췌한 것이다. 음식을 먹는 행위를 뜻하는 구어체의 어휘들이 반복되어 사용되고 있다.

> И все ели. Непрерывно. Куда бы Юрка ни смотрел, он видел, как за стеклами витрин, окон столовых и домов, прямо на улице, на базаре, на пляже, стоя, на ходу люди **жевали, жевали. Завтракали, обедали, ужинали, закусывали, лопали...**

흔히 같은 의미의 구어체 어휘들의 반복은 단조로움을 피하고, 화자의 감정이나 생각, 의도, 바람 등을 강조하는 효과를 가져온다.[34] 이 외에도 중립체와 구어체의 혼용으로도 화자의 발화 내용을 강조하는 효과를 얻기도 한다. 아래의 문장을 읽어보자.

1) Давай **пойдём побыстрее**. **Шевелись**, пожалуйста.

2) Поездка за город была **великолепная**! **Супер**, как говорит мой сын.

3) - Вы вчера ужинали в каком-то необычном ресторане? Ну и как?
   - Просто **кошмарно** было. **Ужасно**.

34) 구어체 어휘의 또 다른 특징의 하나로 전혀 다른 단어를 대신하는 경우를 들 수 있다. 다음 문장을 주목하자. У тебя в комнате слишком много вещей. А куда девать всю эту **музыку**? 이 문장에 쓰인 'музыка'는 음악이라는 본래의 의미가 아니라 뭔가 불필요한 물건들을 대신하는 의미의 단어이다. 이처럼 모종의 단어를 대신하는 단어의 사용 또한 구어체의 전형적인 특징이라 할 수 있다.

지금까지 기술된 어휘와 문체의 예들은 풍부한 러시아 어휘의 일각에 불과하다. 러시아어를 학습하는 외국인들에게 어휘나 어구의 사용에 따른 문체의 구분은 당연히 어렵다. 일반적으로 학습하는 중립체 어휘와 같은 의미를 가지는 구어체 어휘, 혹은 공식체 어휘를 구분하여 학습하고, 이를 엄격히 구분하여 사용한다는 것 자체가 비현실적인 일이다. 이러한 구분은 일부의 단어에서 가능할지라도 전반적인 문장, 어구, 단어를 이런 잣대로 구분할 수는 없다. 하지만 일각에 국한된 학습일지라도 공식문서, 신문이나 방송 기사, 논문 등의 공식적이며 학술적인 글이나 말에 사용되는 어휘와 어구, 일상적인 대화나 사적인 글에 사용되는 어휘와 어구에 집중하여 학습하는 것은 매우 중요하다. 따라서 문체론 교수법은 러시아어 학습자로 하여금 공식적이거나 학술적, 예술적 문체와 구어체, 때로는 중립체의 글이 갖는 차이점을 조금이라도 이해할 수 있게 하는 것에 학습의 초점이 맞추어져야 할 것이다. 다음은 이와 같은 관점을 바탕으로 제시된 비교 텍스트이다.

①

В 45 километрах от **Санкт-Петербурга** находится Гатчина. Кто бывал в её садах и парках, тот испытал силу их очарования. Война изменила **облик** этих мест. **Вековые** деревья были вырублены, дворцы сожжены и разграблены, павильоны и беседки разрушены. Остались свидетели **былого**: стены дворцов, деревья парков, сокровища музеев. Десятилетиями воссоздавались блеск и великолепие Павловска, Петергофа, Пушкина. Настала очередь **реставрировать** Большой Гатчинский дворец.

②

От **Петербурга** до Гатчины 45 километров. Сады и парки Гатчины неизменно привлекают много посетителей. Во время войны **внешний вид** этих мест изменился: **старые** деревья вырубили, дворцы сожгли и разграбили, разрушили павильоны и беседки. Стены дворцов, деревья парков, сокровища музеев являются для нас свидетелями **прошлого**. Десятилетиями работали реставраторы, чтобы возвратить блеск и великолепие Павловску, Петергофу, Пушкину. Сейчас настала очередь **восстанавливать** Большой Гатчинский дворец.

위의 ①과 ②는 뻬쩨르부르그에서 45킬로 떨어진 러시아 제정시대의 궁전, 가트치나(Гатчина)에 대한 내용을 기술하고 있다. 전쟁으로 인해 폐허가 된 궁전의 부활이 주요 내용이다.

무엇보다 굵게 표시된 어휘에 주목할 필요가 있다. ①에서 사용된 어휘는 문어(книжное слово)로 전체 텍스트는 문어체에 가깝다. 반면, ②에서는 중립체 혹은 구어체에 속하는 어휘가 사용되고 있다. 두 텍스트의 차이는 어휘의 선택에서만이 아니라 문장의 구조에서도 차이를 보인다. 첫 문장에서부터 그 차이가 드러난다.

1) В 45 километрах от **Санкт-Петербурга** находится Гатчина.

2) От **Петербурга** до Гатчины 45 километров.

두 번째 문장의 경우 서술어가 생략된 형태로 문장 구조가 첫 번째 문장보다 단조롭다. 문어체와 구어체의 전형적인 차이라고 할 수 있다. 이 외에도 서술어로 형용사 단어미가 쓰였는가, 혹은 동사가 사용되었는가의 차이도 보이고 있는데, 문장의 구조와 관련한 문체의 변화는

다음 장에서 다루도록 할 것이다.[35)]

실질적으로 러시아어를 모국어로 하지 않는 외국인 학습자들이 모든 텍스트를 문어체와 구어체, 혹은 중립체로 나누는 명확한 기준을 학습한다는 것은 쉽지 않다. 텍스트 내용이 명확한 특성, 즉 학술적이거나 공식적 알림이나 공표 등일 경우 이외에는 문어체와 구어체, 특히 문어체와 중립체, 중립체와 구어체 등을 구분한다는 것은 거의 불가능할 수도 있다. 그러나 문체 학습을 통해 상황이나 청자, 독자의 특성에 따라 각 문체에 알맞은 전형적인 어휘와 어구, 문장을 구사할 수 있는 기본적인 지식을 습득하는 것만으로도 문체 학습의 의미는 크다고 할 수 있다.

2.4. 관용구(Фразеологизмы)와 문체

일상적 대화에서 자주 사용되는 관용어구(фразеологизм)는 일상적인 대화에서 상대방과의 친근감 혹은 편안함이 느껴지는 효과를 주며, 화자의 감정, 평가, 생각 등이 과장, 확대되는 기능을 한다. 주로 구어체에서 사용된다. 관용어구를 이용한 구어체는 중립체와 비교하여 풍부한

35) 한가지 예를 들면, "**Вековые** деревья были вырублены, дворцы сожжены и разграблены,"와 "Во время войны **внешний вид** этих мест изменился: **старые** деревья вырубили, дворцы сожгли и разграбили, разрушили павильоны и беседки."이다. 첫 번째 문장에서는 'Вековый'라는 문어체 어휘가 쓰였을 뿐만 아니라 문어체에서 자주 사용되는 형용사 단어미 형태가 많이 쓰인 반면, 두 번째 문장에서는 중립적인 동사의 어휘가 주로 사용되고 있다.

감성과 표현력을 드러낸다. 예로써 다음에 제시된 대화를 비교해보자. 같은 질문에 대한 1)과 2)의 각각 다른 답변에서 느껴지는 차이점에 주목해보자.

- Давай поедем на эти выходные в Прибалтику, в Таллин или Ригу.

1) - Спасибо, я уже была там много раз. Это будет неинтересно для меня.

2) - Опять! Ты же прекрасно знаешь, что я была там **тыщу раз**.[36)]

- Вам нравится Санкт-Петербург?

1) - Да, очень. Город очень красивый.

2) - Спрашиваш! **С ума сойти**, какая красотища!

- Мы едем завтра на экскурсию 'Пушкинский город'. Не хочешь с нами?

1) - Спасибо, я уже была на этой экскурсии.

2) - Нет, спасибо, я эту экскурсию **наизусть знаю**.

- Ты не хочешь погулять в парке Надо подышать воздухом.

1) - Нет. Не хочу. Очень холодно сегодня.

2) - Нет. Посмотри на мои руки. Просто **синяя вся**.

1)의 답변은 널리 통용되는 일상적, 혹은 중립적 어휘가 사용된 일반적인 반응을 표현한 것이라 할 수 있다. 2)의 답변은 'тыщу раз', 'c

---

36) 첫 번째 질문에 대한 답 1)과 2)를 한국어로 옮길 경우, 각자의 표현력에 따라 그 해석은 다양할 수 있다. 하지만 두 답변의 차이점을 잘 느낄 수 있도록 번역한다면 다음과 같다. 1) "고맙지만 이미 여러 차례 간 곳이라 특별히 흥미가 없네." 2) "또 발틱! 수천 번도 더 간 곳이라고."

ума сойти', 'наизусть знаю', 'синяя вся'라는 관용어구를 사용함으로써 질문이나 제안에 대한 화자의 강한 부정을 표현하고 있다.

이처럼 관용어구의 사용은 화자 혹은 필자의 감정, 평가, 생각 등 표현하고자 하는 내용을 과장, 확대하는 효과를 준다. 중립체 어휘들을 더욱 강조하는 의미로 반복되어 사용되기도 한다. 다음 문장들을 비교해보자. 굵은 글씨체의 어구들은 서로 동일한 의미를 나타내는 표현이다.

- Катя! Твое общежитие находится далеко от университета?
- Нет, **совсем близко**: от университета до общежития **рукой подать**.

- Андрей, ты живешь далеко от университета?
- **Очень далеко**, **у чёрта на рогах**. В университет мне нужно ехать больше часа.

- Где купить газету?
- Это не проблема. Газетные киоски **везде, на каждом шагу**.

다음은 자주 쓰이는 관용어구들을 문체별로 구분한 것이다.

중립체	구어체
близко, рядом	в двух шагах
близко	рукой подать
очень близко, рядом	под носом
очень далеко	у чёрта на рогах
везде, повсюду	на каждом шагу
очень много (о людях)	яблоку негде упасть

в восторге	без памяти (от кого, чего)
давно, долго (ждать)	битый час
невозможно остановиться и сделать выбор	глаза разбегаются
долго говорить по телефону	висеть на телефоне
очень коротко (рассказать)	в двух словах
очень быстро (бежать)	сломя голову
очень большом количестве (людей)	как сельдей в бочке
заблудиться там, где это невозможно	заблудиться в трёх соснах
идти медленно (от усталости)	еле ноги волочить
очень устали	с ног падаем
проголодалась	голоден(а) как волк
сильный дождь	льёт как из ведра
ужасный/жуткий	хуже некуда

3. 조어(словообразование)와 문체

3.1. 동사, 형용사, 형동사에서 파생되는 명사

동사, 형용사, 형동사에서 파생되는 명사들이 어떻게 만들어지는지, 이에 따라 어휘의 형태가 어떻게 변하는지, 이러한 변화가 문체와는 어떠한 관련을 가지는지 살펴본다.

먼저, 동사와 형용사에서 유래한 파생명사는 개인의 성격이나 취향, 개성 등의 특징을 나타낸다. 이러한 동사와 형용사는 중립체에 해당하는 단어들인데, 파생된 명사는 일반적으로 구어체에 속하게 된다. 예를 들면 'кричать' (소리치다) 동사에서 파생된 명사 'крикун'은 평소 '큰 소리로 말하는 사람'을 의미한다. 남성 명사 외에 여성형과 중성형은 아래 표를 참조하면 된다. 'говорить' (말하다) 동사에서 파생된 'говорун'은 '수다쟁이' 혹은 '말하기 좋아하는 사람'을 의미하는 파생명사이다. 남성형과 여성형, 중성형의 단어가 있기도 하지만 중성형만 쓰이는 파생명사들도 있다. 예를 들면, 'гулять'[37] (산책하다)에서 파생된 'гуляка'는 통성명사이며, 그 의미는 '흥청망청 사는 사람' 혹은 '난봉꾼'이 된다. 또한 'работать' (일하다)에서 파생된 'работяга'는 '일을 열심히 하는 사람', 'плакать' (울다)에서 파생된 명사, 'плакса'는 '눈물이 많은 사람', '울보' 등의 의미를 나타

37) '산책하다'의 뜻이 난봉꾼으로 비약될 수 있는 이유는 'гулять' 동사가 '일탈하다', '유흥을 즐기다' 등의 의미도 갖기 때문이다. 노한사전. 고려대학교 러시아 문화 연구. 2008.

낸다. 이 내용을 정리하면 다음과 같다.

동사 (중립체)	파생명사(구어체)		
	남성형	여성형	통성형
кричать говорить гулять работать плакать	крикун говорун	крикунья говорунья	крикуша - гуляка работяга плакса

중립체에 속하는 형용사에서 파생된 명사의 예로 'тихоня'를 알아보자. 'тихоня'는 형용사 'тихий' (조용한)에서 파생된 명사로 '말이 없는 사람', '말수가 적은 사람'을 뜻한다. 형용사 'весёлый' (웃음이 많은, 밝은)에서 파생된 명사 'весельчак'은 '항상 즐거운 사람', '유머가 넘치는 사람', 혹은 '모든 일에 긍정적인 태도를 보이는 사람'을 지칭한다. 그렇다면 '교활한', '음흉한'의 뜻을 가진 'хитрый'에서 파생된 'хитрец'는 어떤 성품을 가진 사람을 의미하는 단어일까? 이와 함께 'простой' (단순한)에서 파생된 명사, 'простяк'과 'толстой' (비만한)에서 파생된 'толстяк'은 어떤 의미로 쓰일지도 함께 생각해 보자.

형용사 (중립체)	파생명사(구어체)		
	남성형	여성형	통성형
тихий (человек) весёлый (человек) хитрый (человек) простой (человек) толстый (человек)	- весельчак хитрец простак толстяк	- хитрюга простушка толстуха	тихоня

3.2. 어구와 동등한 파생명사

3.2.1. 명사화된 형용사와 형동사

현대 러시아에 일어나는 변화 중 가장 주목할 현상 중 하나는 형용사와 형동사가 명사로 쓰이는 경우이다. 이와 같은 현상을 '품사변환'(процесс субстантивации)이라고 한다. 품사변환이 되어 명사로 취급되는 단어들은 '형용사/형동사 + 명사' 형태로 조합된 어구와 같은 의미로 쓰인다. 먼저 '형용사 + 명사' 어구의 예를 들면, 'больной человек' (환자)의 경우, 형용사 'больной' (아픈, 병든)가 품사 변환됨으로써 형용사만으로도 '환자'라는 명사가 된다. 다음으로 '형동사 + 명사'의 예를 들면, 'учащиеся люди' (학생들)의 경우, 형동사 'учащиеся'는 품사변환되어 같은 의미의 명사로 쓰인다. 공식문체에 속하는 '형용사/형동사 + 명사' 조합의 어구에서 파생되어 품사변환됨으로써 명사로 취급되는 형용사나 형동사는 주로 중립체에 속하지만 때때로 구어체의 속성을 대변하기도 한다.

아래의 표는 가장 흔하게 쓰이는 품사변환 명사들의 예를 주제별로 정리한 것이다.

〈장소(공간)와 관련된 여성형 명사 변환〉

공식체(형용사/형동사 + 명사)	중립체(명사)
курительная комната	курительная
умывальная комната	умывальная
гладильная комната	гладильная
ванная комната	ванная
душевая комната	душевая
парикмахерский зал	парикмахерская
кондитерская лавка(магазин)	кондитерская
приёмная комната (зал)	приёмная
учительская комната	учительская
столовое помещение	столовая
закусочное помещение	закусочная
пирожковая закусочная (место, где продают пирожки)	пирожковая
пельменная закусочная (место, где продают пельмени)	пельменная
котлетная закусочная (место, где продают котлеты)	котлетная

〈음식명과 관련한 중성형 명사 변환〉

공식체(형용사/형동사 + 명사)	중립체(명사)
молочное блюдо	молочное
мясное блюдо	мясное
рыбное блюдо	рыбное
овощное блюдо	овощное
горячее блюдо	горячее
холодное блюдо	холодное
мучное блюдо	мучное
сладкое кушанье	сладкое
замороженное молоко	мороженое
спиртные напитки	спиртное

〈의료와 관련한 중성형 명사 변환〉

공식체(형용사/형동사 + 명사)	중립체(명사)
наружное лекарство внутреннее лекарство снотворное средство слабительное средство	наружное внутреннее снотворное слабительное

3.2.2. 접미사 '-ка' 첨가에 의한 파생명사

공식체 혹은 중립체에서 사용되는 '형용사 + 명사'로 이루어진 어구의 형용사에 접미사, '-к(а)'를 첨가하여 만들어진 파생명사는 주로 구어체에서 사용된다. 예를 들면, '생수'라는 의미를 나타내는 'минеральная вода'의 어구에서 형용사 'минеральная'의 어근 'минерал'에 접미사 '-к(а)'가 첨가되어 만들어진 'минералка'는 파생명사로 '생수'라는 의미로 쓰인다. 아래의 표는 자주 쓰이는 접미사 첨가에 의한 파생명사의 예들을 유형별로 보여준다.

형용사 접미사 '-н(ый/ая/ое)'를 접미사 '-к(а)'로 대체하는 방식으로 만들어지는 예들을 보자.

중립체/공식체(형용사 + 명사)	구어체(명사)
вечер-**н(яя)** газета литератур-**н(ая)** газета зачёт-**н(ая)** книжка публич-**н(ая)** библиотека читаль-**н(ый)** зал маршрут-**н(ое)** такси неотлож-**н(ая)** медицинская помощь лаборатор-**н(ая)** работа зарубеж-**н(ая)** литература	вечер-**к(а)** литератур-**к(а)** зачёт-**к(а)** публич-**к(а)** читал-**к(а)** маршрут-**к(а)** неотлож-**к(а)** лаборатор-**к(а)** зарубеж-**к(а)**

형용사 접미사 일부를 제거하고 접미사 '-к(а)'가 첨가되어 만들어지는 유형이다.

중립체/공식체(형용사 + 명사)	구어체(명사)
комисси-он**н(ый)** магазин сгущ-ён**н(ое)** молоко	комисси-он-**к(а)** сгущ-ён-**к(а)**

형용사의 어간에 접미사 '-к(а)'가 첨가되어 만들어진다.

중립체/공식체(형용사 + 명사)	구어체(명사)
тушё**н(ое)** мясо откры**т(ое)** письмо кожа**н(ая/ое)** куртка/пальто пальто из дублё**н(ой)** кожи	тушё**н-к(а)** откры**т-к(а)** кожа**н-к(а)** дублё**н-к(а)**

주로 형용사와 명사의 형태로 이루어진 거리명이나 공공기관 건물명, 특정 대상물 등은 공식체에 해당한다. 반면, 동일한 대상과 의미를 나타낼 때 형용사만을 사용하거나 형용사에 접미사 '-к(а)'가 첨가되어 명사형으로 변형되면 구어체에 해당한다. 예를 들면 다음과 같다.

공식체	구어체
Садовое кольцо Ломоносовский проспект Университетский проспект Варшавское шоссе рублёвское шоссе парковочные места автомобиль иностранной марки автомобиль марки 〈Мерседес〉	Садовое Ломоносовский Университетский Варшавка рублёвка парковка иномарка 〈мерс〉

지금까지 설명된 내용을 바탕으로 굵게 표시된 단어나 어구가 어떤 문체에 해당하는지 확인하면서 아래의 텍스트를 읽어보자.

1) - Ты знаешь , он купил себе новое **кожаное пальто**.
- Да, очень симпатичная **кожанка**.

2) - Дайте мне, пожалуйста, свежую **вечернюю газету**. А **вчерашняя литературка** у вас есть?
- Да. Пожалуйста.

3) - Смирнова, вашу **зачётную книжку**, пожалуйста.
- Извините, профессор, я забыла свою **зачётку** дома.

4) - Я так устал: целый день работал в **читальном зале публичной библиотеки**.
- А я не люблю **публичку** и всегда занимаюсь в **читалке** у себя на факультете.

5) - Дома у меня есть банка **тушёного мяса** и банка **сгущённого молока**. Можно неплохо поужинать.
- Не хочу я больше этой **тушёнки**. А вот чайку со **сгущёнкой** попью с удовольствием.

3.2.3. 접미사 없는 파생명사 (бессуффиксальные дериваты)

명사로서 접미사가 없는 어휘는 형용사 혹은 명사, 동사에서 파생된다. 각각의 예를 들면 형용사, 'синий' (파란색의)에서 'синь' (파란색)이 파생되었으며, 'специалист' (전문가)에서 같은 의미의 명사 'спец'가 파생되었다. 마지막으로 'переходить' (건너다) 동사에서 'переход' (횡단)라는 명사가 파생되었다.

일반적으로 형용사에서 접미사 없이 파생된 명사는 중립체 혹은 구어체에 속한다. 반면 명사에서 접미사 없이 파생된 명사는 구어체에 속하는 것이 일반적이다. 그런가 하면 동사에서 파생된 접미사 없는 명사는 중립체 혹은 공식적인 발화에 쓰인 문어체 또는 학문적 어조의 공식체에 사용된다.

아래의 표는 형용사에서 파생된 명사의 예를 정리한 것이다.

중립체(형용사)	구어체(명사)
жуткий	жуть
рваный	рвань
пьяный	пьянь
дрянной	дрянь
дикий	дичь
нечистый	нечисть
интимный	интим
примитивный	примитив
драный	драть
тихий	тишь
тощий	тощь
хворый	хворь
синий	синь

다음은 '형용사 + 명사'의 어구에서 접미사 없이 파생된 명사의 예들을 정리한 것이다. 실제 러시아인과의 대화에서 흔히 들을 수 있는 사용빈도가 높은 단어들이라 할 수 있다.

중립체(형용사 + 명사)	구어체(파생명사)
педагогический институт	пед
медицинский институт	мед
литературный институт	литфак[40]
исторический факультет	истфак
подготовительный факультет	подфак
математико-механический факультет	матмех
специальный предмет	спец

다음은 명사에서 접미사 없이 파생된 명사들의 예를 보여주고 있다.

중립체(명사)	구어체(파생명사)
баскетбол	баскет
бадминтон	бад
преферанс	преф
пластинка	пласт
саксофон	сакс
рок-н-ролл	рок
магнитофон	маг
специалист	спец
фотоаппарат	фотик[41]
телевизор	телик
видеомагнитофон	видик
велосипед	велик

지금까지 설명된 파생명사의 예들을 바탕으로 굵게 표시된 단어에 주목하여 아래의 텍스트를 읽어보자. 동시에 굵게 표시된 파생명사가

38) литфак, истфак, подфак, матмех 등은 복합 축약어(сложно-сокращённые слова) 형태에도 해당한다. 복합 축약어에 관하여 '김성완. 현대 러시아어 '축약'(аббревиация) 현상 고찰. 슬라브학보 제28권 4호. 2013.' 참조.

39) телик, видик, велик 등은 복합축약어 형태로 명사의 어근이 축약되고, 접미사 -ик이 첨가된 것이다.

어떤 어휘나 어구에서 유래하였는지 상기해보자.

Весёлые мы ребята

Пашка - отличный парень. Я его люблю. С ним весело. И вообще - не пропадёшь. Вчера мы пошли с ним на стадион в **баскет** поиграть. А там закрыто, как назло. Пашка говорит: "Айда ко мне.! У меня **пласты** новые - класс!" Пашка вечно на языке: **рок, сакс**. Мы у него часто собираемся **маг** послушать. Не какой-то там **примитив**. Его родители Пашку целыми днями ругают : "Что это **нечисть** твоя всё время у нас в квартире торчит! **Дрань** да **рвань** всякая! Всю **пьянь** в дом тащит!" Нам обидно слушать. Чего им надо! Пашка на матмехе учится. **Проф** говорит, что из него хороший спец будет. Сегодня **маг** послушаем и **телик** посмотрим, завтра на велике покатаемся.

3.3. 접미사 첨가에 의한 주관적 평가의 명사

3.3.1. 접미사 '-к(а)', '-очк(а)', '-ок,ек', '-ик', '-чик', '-к(о)', '-ц(о)'가 첨가된 지소형의 명사

대화나 글쓰기를 할 때, 발화와 글 쓰는 주체는 명사의 형태적 변화를 통해 자신이 표현하고자 하는 사물에 대한 주관적인 감정이나 태도 등을 표현할 수 있다. 명사의 형태적 변화는 중립체의 단어에 특별한 접미사, '-к(а)', '-очк(а)', '-ок,ек', '-ик', '-чик', '-к(о)', 'ц(о)' 등을 붙여 일어난다. 이와 같은 명사의 형태적 변화는 지소형 명사로의 변화로서 사물에 대한 주관적 평가나 태도뿐만 아니라 대화 상대 혹은 글의 수신자에 대한 주체자의 개인적인 감정이나 태도 등을 드러낼 때 주로 사용한다. 예를 들어, 중립체의 단어 'морковь' (당근)를 접미사 '-к(а)'를 첨가하여 'морков-к(а)'로 표현했다면, 이는 당근의 형태, 크기 등과 관련된 발화자의 주관적인 느낌, 혹은 평가를 나타낸 것으로 볼 수 있다. 달리 말하면, 작은 크기의 당근에 대한 주관적 평가라고 할 수 있을 것이다. 하지만 동일한 크기의 당근이라 할지라도 또 다른 사람은 접미사 '-очк(а)'를 사용하여 'морков-очк(а)'로 표현할 수도 있다. 'морков-очк(а)'는 작은 당근에 대한 발화자의 더욱 적극적인 평가를 드러내는 기능을 하고 있다고 볼 수 있다. 이와 같은 형태적 변화가 일어난 명사들은 주로 구어체에 사용된다.

중립체 명사의 접미사 첨가에 의한 형태적 변화를 통한 주관적 평가나 태도는 다음 세 가지 영역으로 분류된다.

첫째, 친근감과 부드러운 태도를 나타내는 명사
둘째, 거부감이나 부정적인 감정을 나타내는 명사
셋째, 확대된 감정을 나타내는 명사

접미사 첨가에 의한 중립체 명사의 형태적 변화로 일어나는 위 세 가지 내용의 주관적 평가는 말과 글이 가진 전체적인 맥락이나 어조 등에 따라 달라진다. 부언하면, 앞서 설명했던 '당근'을 표현한 경우, 'морков-к(а)' 혹은 'морков-очк(а)'의 표현이 작은 당근에 대한 발화자의 친근감을 내포하고 있는 것인지, 혹은 작은 크기에 대한 부정적인 감정을 내포하고 있는 것인지에 대한 구체적인 내용은 말과 글의 전체 맥락을 통해 파악될 수 있다는 것이다.

아래의 표는 위 본문에 언급된 접미사를 이용하여 지소형으로의 형태 변화가 일어난 명사들의 예를 보여주고 있다.

구어체(지소형 명사 접미사)			
-к(а)		-очк(а)	
яблоко вишня петрушка свёкла морковь вода сметана соль	яблонь-к(а) вишен-к(а) петрушеч-к(а) свекол–к(а) морков-к(а) водич-к(а) сметан-к(а) соль-к(а)	кость свеколка капуста морковка сметанка	кост-очк(а) свекол-очк(а) капуст-очк(а) морков-очк(а) сметан-очк(а)
-ок, -ек		-ик	
лист жир сахар	лист-ок листоч-ек жир-ок жироч-ек сахар-ок сахароч-ек	огурец перец томат лист	огурч-ик перч-ик томат-ик лист-ик
-чик		-к(о), -ц(о)	
помидор укроп бульон	помидор-чик укроп-чик бульон-чик	мясо	мяс-к(о) мяс-ц(о)

앞에 언급된 단어들은 주로 식품과 관련이 있는 단어들이다. 이와 관련하여 다음은 러시아의 전통 음식으로 꼽히는 보르쉬(Борщ) 만드는 과정을 보여주는 텍스트를 읽어보도록 하자. 보르쉬 만드는데 필요한 식

재료의 표현에 주관적 평가가 드러나고 있는지, 만일 그렇지 않다면, 어떤 접미사를 이용하여 주관적 평가를 표현할 수 있을지 생각하며 읽어 보자.

Борщ

Поставьте варить мясо. Нарежьте свёклу[40], добавьте уксуса и обжарьте с жиром. Затем влейте немного бульона и тушите 5-10

40) 다음은 러시아인의 주요 식재료를 분류한 것이다. 러시아인의 보편적인 식문화에 대한 이해뿐만 아니라 일상에서 흔히 접하는 단어이므로 중요한 학습 대상이다.

유제품: молоко, сметана, масло, сливки, творог, сыр

육류: колбаса, сосиски, ветчина, сало; мясо (говядина, телятина, свинина, баранина); курица (кура - разг.), цыплёнок, гусь, утка, индейка

생선: треска, ставрида, скумбрия, тунец, сельдь, окунь, форель, корюшка, карп, карась, лещ, плотва, щука, сом, судак, сёмга, горбуша, кета, осётр; икра зернистая, икра паюсная

밀가루: макароны, лапша, вермишель; торт, пирожное; сушки, баранки, бублики; сухари, пряники

곡물: гречневая, рисовая, манная, овсяная, пшеничная. перловая; кукурузная

채소: картофель (картошка-разг.), капуста, морковь, репа, брюква, свёкла, редис, огурцы, помидоры, горох, фасоль, бобы, чечевица, кабачки, тыква, лук, чеснок, перец; зелень (салат, щавель, шпинат, укроп, петрушка, сельдерей)

과일: яблоки, груши, сливы, виноград, ананасы, персики, абрикосы, апельсины, мандарины, дыня

열매: клюква, брусника, малина, земляника, клубника, смородина, крыжовник, вишня, черешня, арбуз

버섯: белые (боровики), красные (подосиновики), подберезовики, лисички, рыжики, волнушки, грузди, шампиньоны

견과류: грецкие, земляные (арахис), кедровые, фундук

단 것: сахар, конфеты, шоколад, мармелад, пастила, варенье, повидло, джем

минут.
Нарежьте морковь, петрушку, лук, свежую капусту. В кипящий бульон положите сначала слегка обжаренные овощи, коренья, лук, лавровый лист, душистый перец горошком и томат-пюре. Добавьте туда же тушёную свёклу, а через 5-10 минут капусту и варите всё при слабом кипении до готовности.
Готовый борщ заправьте по вкусу солью. Перед подачей на стол в тарелку с борщом положите мясо, сметану, мелко нарезанные зелёный лук и укроп.

3.3.2. 이름, 호칭의 지소형(уменьшительно-ласкательная форма)

러시아에서 이름 형식은 매우 다양하다. 공식적인 자리에서 호명되는 이름의 형식과 비공식적인 상황에서 불리는 이름이 다르다. 또한, 발화자와 청자 간의 관계, 친밀도, 상황에 따라서도 달라진다. 구체적으로 말하면 공식적인 형태의 이름 이외에 중립적인 형태, 친밀도를 나타내는 형태, 아래 사람을 부르는 형태 등이 다르다.

러시아인의 이름은 '이름 + 부칭 + 성'으로 이루어져 있다. 세계적인 대문호인 톨스토이의 경우, 전체 이름은 '레프 니꼴라예비치 똘스또이'(Лев Николаевич Толстой)이다. 이미 언급한 바와 같이 이름, 부칭, 성의 순서로 되어 있다. 일반적으로 가족이나 친척, 가까운 사람이거나 아는 사이에서는 부칭과 성을 빼고 이름만 부른다. 즉, '레프'라고 부를 수 있다.[41] 공식적인 자리에서 쓰이는 호명의 형식은 이름과 부칭,

41) 참고로 3개의 철자로 된 이름은 지소형을 만들기 쉽지 않다. 하지만 Лев의 지소형으로는 Лева, Лёвушка. Левуня, Лёвчик 등이 있다. // Лев: Уменьшительно-

그리고 성을 모두 사용한다. 즉 '레프 니꼴라예비치 똘스또이'라고 지칭한다. 이는 정중함을 표현한다. 비공식적인 자리에서는 성을 빼고 이름과 부칭의 형태로 부르거나, 이름만 부를 수도 있다. 이때 이름의 형태가 변하기도 한다. 또 다른 형태로는 친밀감이나 좋아하는 감정, 칭찬이나 공감 등의 감정을 표현하고자 할 때는 접미사가 첨가된 지소형 형태(уменьшительно-ласкательная форма)가 쓰인다. 보통 상대에 대한 긍정적인 태도와 애정을 반영한다. 이와 반대로 상대에 대한 부정적인 감정을 표현하고자 할 때도 하대격 지소형 (пренебрежительно-фамильярная форма)을 쓰기도 한다. 이러한 경우는 그리 흔하지 않다. 보통 어린아이나 아랫사람을 지칭하여 친숙함을 표현할 때 쓰이는 것이 더 일반적이다.

아래의 표는 러시아에서 가장 흔한 이름을 위에 설명한 형태별로 분류한 것이다.

공식체	중립체	애정형 지소형	하대-친숙 지소형
Иван	Ваня	Ванечка	Ванька
Пётр	Петя	Петенька	Петька
Сергей	Серёжа	Серёженька	Серёжка
Владимир	Володя	Володенька	Володька
Александр	Саша	Сашенька	Сашка
Вера	Вера	Верочка	Верка
Елена	Лена	Леночка	Ленка
Наталья	Наташа	Наташенька	Наташка
Светлана	Света	Светочка	Светка
Екатерина	Катя	Катенька	Катька
Алексей	Алёша	Алёшенька	Алёшка
Мария	Маша	Машенька	Машка

ласкательные формы имени Лев (1001goroskop.ru)

지금까지 설명한 내용을 참조하여 아래의 텍스트를 읽어보자. 진하게 표시된 이름의 공식체 형태를 상기해보자.

1) - Алло! **Петя** привет!
   - Привет, **Саша**. Как дела?
   - Отлично. А у тебя?
   - Тоже неплохо.

2) - **Ванечка**, Здравствуй! Это я.
   - Ой **Серёжка**! Уже вернулся? Как Париж?
   - Интересно было.
   - Я тоже хочу поехать туда.

3) - **Катя**? Это я. Володя звонил?
   - Нет. Ты откуда звонишь?
   - С работы. Я скоро приду.
   - Ну хорошо. Я жду.

개인의 이름과 같이 친족 간의 호칭 역시도 다양한 형태로 변화하면서 고유의 문체 특성을 가진다. 상황이나 관계의 친밀도에 따라 공식적인 형태의 호칭과 구어적, 혹은 중립적 형태의 호칭이 존재한다. 부언하면, '어머니'(мать)라는 단어의 다양한 변형은 각각의 형태에 알맞은 문체와 쓰임새를 가진다. 아래의 표를 참조하자.[42)]

---

42) 아이들은 부모를 일반적으로 'папа, мама'라고 부른다. 할아버지와 할머니는 'дедушка, бабушка', 부모의 형제 자매는 삼촌(дядя), 고모/이모(тётя)이다. 부를 때는 중립적인 형태와 함께 부르는 것이 일반적이다. 예를 들어 삼촌의 이름이 'Иван'이라면 'дядя Ваня'라고 부른다. 고모나 이모의 이름이 'Светлана'라면, 'тётя Света'라고 부른다. 자녀나 조카, 손자, 손녀는 주로 이름을 부르지만 상대에 대한 애정을 표현하는 지소형 형태로 자주 부르기도 한다. 예를 들면, 'сынок,

공식체	구어체/중립체	애정형 지소형
Мать	мама	Мамочка Мамуля
Отец	папа	папочка папуля
Дед	дедушка	дедуленька дедуля
Бабушка	бабушка	бабуля бабуленька
Сын	сын	сыночек сынок
Дочь	дочка	доченька дочурка
Внучка	внучка	внученька
Внук	внук	внучок

러시아어 이름에는 구어체에 속하는 부름 형식(звательные формы)이 있다. 부름 형식은 중립 형태의 이름에서 파생하여 만들어진다. 예를 들면, 'Мама'(엄마)를 'Мам'이라고 부를 때 'Мам'은 부름 형식에 속한다.

부름 형식의 예를 더 열거하면 다음과 같다.

중립체	부름 형식
Саша	Саш
Лена	Лен
Оля	Оль
Дядя	Дядь

доченька, внучек, внученька'와 같이 불린다. 한편 'дядя, тётя'는 친족 관계가 아닐지라도 아이들이 알지 못하는 불특정 어른을 지칭할 때 쓰이기도 한다. 예를 들면, 빨간 신호등에 길을 건너는 어른을 본 아이가 엄마에게 다음과 같이 말 할 수 있다. "Мама, смотри, дядя на красный свет переходит" 마찬가지로 'дедушка, бабушка' 또한 불특정한 노인을 지칭할 때도 쓰인다.

4. 형태적 수단, 통사적 구조와 문체

4.1. 형용사 단어미와 장어미

러시아어 형용사는 성질형용사와 관계형용사로 나눌 수가 있는데, 성질형용사는 사물이나 사람의 특성을 묘사하는 형용사로서 다음과 같은 것들이 있다.

색: белый, чёрный, красный, фиолетовый...

형태: маленький, большой, высокий...

물리적 특성: лёгкий, тяжёлый, молодой...

내재적 특성: добрый, злой, упорный...

관계형용사는 사물이나 사람과의 관련성을 나타내는데 다음과 같은 예들이 있다.

железо: желез-н-ый
камень: камен-н-ый
дети: дет-ск-ий
зима: зим-н-ий

러시아어에서 성질형용사는 장어미와 단어미를 가지는데, 장어미 형용사는 수식하거나 술어로 사용되는데 반해, 단어미 형태는 술어로만 쓰인다.

모든 제품은 매우 저렴!

Все очень дёшево![43]

단어미는 장어미 형용사의 어미를 떼어 버리면 남성형이 되고, 여기에 '-a'를 붙이면 여성, '-o'를 붙이면 중성, '-ы'를 붙이면 복수가 된다.

장어미 형용사	단어미 형용사			
	남성	여성	중성	복수
красивый	красив	красива	красиво	красивы
молодой	молод	молода	молодо	молоды
интересный	интересен	интересна	интересно	интересны
умный	умён	умна	умно	умны

형용사의 어간이 2개 이상의 자음으로 끝나면, 단어미 단수 남성형에서 그 발음을 쉽게 하기 위하여 자음 사이에 모음 e, ë, o가 들어간다. 다음과 같은 예들이 있다.

низкий: **низок**, низка, низко, низки
красный: **красен**, красна, красно, красны
спокойный: **спокоен**, спокойна, спокойно, спокойны

단어미가 술어적으로 쓰인 예들을 보자.

43) 'дёшево'는 형용사 'дешёвый'의 단어미 형태인 'дёшев, дешева, дёшево' 중에서 중성형이다.

Твоя подруга умна и красива.
Река спокойна.

한편, 술어로 쓰일 때 원칙적으로 단어미만 사용되는 형용사가 있다. 'доволен, голоден, похож, счастлив, уверен, согласен, виноват' 등과 같은 형용사이다. 그리고 'рад'는 장어미형이 없는 단어미 형용사이다.

Но я совершенно не доволен той ситуацией, которая возникла.
Когда ты голоден, никакой авторитет не поможет.
Брат так похож на неё лицом и характером.
Я так счастлив.
Ты уверен, что сюда никто не войдёт?
Полностью (абсолютно) согласен с вами!
Да бизнесу тяжело, но кто в этом виноват?
Я рад вас видеть бодрым и здоровым.[44)]

이미 언급한 바대로 형용사의 장어미와 단어미가 술어로 쓰일 수 있지만, 전치사를 요구하거나 특별한 격이 요구되는 형용사의 경우에는 반드시 단어미를 사용해야 한다. 예를 들면,

Он болен гриппом.
Мы готовы к отъезду.

한편, 형용사의 장어미와 단어미 중 어떤 것을 사용하는지에 따라

44) 동사 'видеть'의 보어로 쓰이고 있는 'бодрый'와 'здоровый'는 장어미 형태이다. 이와 같이 형용사가 보어로 쓰이는 경우는 장어미를 사용하는데 그 격형태는 주격이거나 조격이 된다. 예를 들면, 'Комната была удобная и светлая', 이와 같은 의미로 'Комната была удобной и светлой'라고도 할 수 있다.

텍스트의 문체는 달라진다. 일반적으로 문어체에서는 단어미가 사용된다. 조격 형태의 장어미 형용사는 중립체가 된다. 술어의 기능을 하는 장어미 주격 형태는 주로 구어체에서 사용된다. 다음의 표는 이와 같은 예를 보여주고 있다.

문어체	중립체	구어체
Умозаключения автора **ясны** и **точны**.	Критик был **ясным** и **точным**.	Ответы ученика **ясные**, **точные**.
Холмы в европейской части России, как правило, **невысоки**.	Девочка была **невысокой**, **светленькой**, совсем незаметной среди сверстников.	Дома в старых районах **невысокие**.
Мне грустно и легко, печаль моя **светла**, печаль моя **полна** тобою...		Ночь **лунная**, **светлая**.
Старичок был **невысок**, **худощав**, очень **ласков**.	Маленькие дети почти не бывают **жадными**.	Ах, какая ты мне **близкая** и **ласковая**, альпинистка моя, скалолазка моя.
Человек редко бывает **горд**, смел, **бескорыстен**, чаще он **труслив** и **жаден**.	Трудно быть **молодым**.	Пусть не думает она, что я **жадная**. Я не **гордая**.
Как он ещё молод и смел.		Мы оба смелые.

다음은 러시아 문호들의 작품 속 구절들로 형용사의 장어미 주격형태와 조격 형태, 단어미 형태가 쓰인 다양한 문장들이다. 형용사의 형태에 주목하면서 읽어보자.

1) Вы умная, злая... совсем как ваш отец... И рыжая вы, как Егор Васильевич.[45)]
2) И затем, откинувшись на спинку стула, оставался неподвижен в продолжение трёх или четырёх часов.[46)]
3) Высок, строен, красив бывает клён.[47)]
4) Воздух был чист и свеж, как поцелуй ребёнка: солнце ярко: небо синее-чего бы, кажется, больше?[48)]
5) Несколько мгновений оставался я неподвижным.[49)]

4.2. 소사

소사는 그 자체 어휘로는 구체적이거나 독립적인 의미를 갖지 않는다. 소사는 형태소(морфема)로서 새로운 말을 형성하는 역할을 하는 보조 품사이다. 또한, 소사는 발화에 감정적 색채를 더하며, 구어체에서 쓰이는 전형적인 품사이다. 소사는 문장 전체 혹은 문장 속의 특정 어휘에 특별한 의미적, 감성적, 사고적 어조를 더하거나 화자의 주관적 평가를 명확하게 표현하는 기능을 한다. 일부 소사들은 의미가 다양하여 문맥에 따라 발화의 해석을 달라지게 할 수도 있다. 예로써 다음 두 문

45) 고리끼(Горький М.)의 '이골 불르이초프와 사람들(Егор Булычов и другие)'이라는 희곡의 일부이다.

46) 도스또예프스키(Достоевский Ф.)의 '학대받은 사람들(Униженные и оскорблённые)'의 일부이다.

47) 악사꼬프(Аксаков С.)의 단편 '숲(Лес)'의 일부이다.

48) 레르몬또프(Лермонтов М.)의 '우리시대의 영웅(Герой нашего времени)'의 일부이다.

49) 뚜르게네프(Тургенев И.)의 단편, '아샤(Ася)'의 일부이다.

장을 비교해보자.

1) - Что вы говорите? (무슨 말을 하는 겁니까?)
   - Что же вы говорите? (도대체 무슨 말을 하는 겁니까?)

2) - Я вас ждала, ждала. (당신을 기다리고 기다렸어요.)
   - Уж я вас ждала, ждала. (당신을 정말 오래 기다리고 기다렸어요.)

1)의 소사 'же'는 문장 속의 어떤 어휘와도 연합하여 강조의 의미를 나타낼 수 있다. 강조하고자 하는 어휘의 뒤에 오는 것이 일반적이다.

2)의 소사 'уж'는 문장 전체를 강조하고자 할 때는 문장 맨 앞에, 특정 어휘를 강조하고자 할 때는 그 어휘 뒤에 온다. 러시아어를 외국어로 학습하는 사람들에게 문장 속 소사의 기능을 파악하기 위한 가장 적합한 방법은 모국어로 번역해서 의미의 차이를 느껴보는 것이다. 다음 문장을 한국어로 번역했을 때, 그 차이를 확인할 수 있다.

Я не такой горький пропойца. (나는 그런 심각한 주정뱅이는 아니야.)
Я не такой уж горький пропойца.
(나는 정말 그 정도로 심각한 주정뱅이는 아니야.)

소사에는 의문소사 (вопросительные частицы), 감탄소사 (восклицательные частицы), 강조소사 (усилительные частицы), 제한소사 (ограничительные частицы), 지시소사 (указательные частицы), 부정소사 (отрицательные частицы) 등이 있다.[50] 이러한 다양한 소사들이 구어체에서 어떻게 활용되는지는

50) 의문소사에는 ли, разве, неужели 등이 있고, 감탄소사에는 что за, как, ну и, 강조조사에는 даже, и, же, ведь, ни, 제한소사에는 только, лишь, лишь только,

러시아어 학습에서 매우 중요하다. 다음은 문장이나 어휘의 의미를 강조하는 소사의 문장 속 위치에 관하여 자주 사용되는 소사들을 중심으로 정리한 것이다.

평서문과 감탄문	
да, ну, а	문장 첫 부분에 위치한다. - Кофе выпил? **Ну** тогда иди. **Да** не забудь письмо опустить, **а** то ведь уже три дня его в сумке носишь. (커피 다 마셨어? 자 그럼 이제 그만 가봐. 그리고 말이야 제발 편지 부치는거 잊지말고. 어떻게 3일 내내 편지를 가방에 갖고 다닐 수 있니?)[53]
только	강조하고자 하는 단어와 결합한다. - **Только** ты можешь сделать это! (오직 너만이 이 일을 할 수 있어!) - Там красивая **только** река. (그곳에 아름다운 강이 딱 하나 있지.) - Я с ним **только** говорил по телефону, но не писал ему никогда и адреса его не знаю. (나는 그와 전화통화만 했어, 주소를 몰라 편지는 한 번도 쓴 적이 없어.)
-то, же	강조하고자 하는 단어와 결합한다. - Не замёрзла? Пальтишко-**то** у тебя лёгкое. (춥지 않아? 네 외투가 좀 너 무 얇은거 같애.) - Куда ты собрался идти? У тебя **же** температура! (어디 가려는거야? 지금 너 열까지 나고 있잖아!)
-ка	명령형 형태의 동사 뒤에 온다 - Подойди-**ка** сюда. Садись. (이쪽으로 어서 오세요. 앉으세요.) - Ложитесь-**ка** спать. А завтра все обсудим. (제발 이제 주무세요. 내일 이야기하기로 해요.)

지시소사에는 вот, вон, это, 부정소사에는 не 등이 있다. 강덕수. 러시아문장의 이해. 2014. 113쪽.

51) 이혜승. 단어와 번역의 문제-러시아어 양상 소사의 한국어 번역을 중심으로-. 통역과 번역 제 3권. 2001. 이선경. 러시아어권 한국어 학습자를 위한 한국어 보조사와 러시아어 양상소사의 사용역 연구. 단국대학교 대학원. 2018.

의문문	
разве	문장 첫 부분에 온다. - **Разве** ты не знаешь, что он уехал? (너 정말 그가 떠난 걸 모르는 거니?) - **Разве** он читал эту книгу? (그가 이 책을 정말 읽었어?) - Он **разве** завтра приедет? (그는 정말 내일 오는 거니?)
ну	문장 맨 앞에 위치한다. - От кого письмо? От Кати? **Ну** как она там? (누가보낸 편지야? 까쨔? 어떻게 잘 지내고 있대? - Ты с ней говорил? - **Ну** говорил. - **Ну** и что? - Ничего. Нормально.
же	문장 첫 단어 다음에 위치한다. - Сколько книг ты купила! Как **же** ты их повезёшь? (책을 많이도 샀네! 대체 이걸 어떻게 가져갈 거야?)
-то	강조하고자 하는 단어와 결합한다. - Ну, поезжайте, счастливо. Когда вернётесь-**то**? (자, 그럼, 안녕히가세요. 언제 돌아오실런지요?) - Значит, ты в Петербурге был всего два дня? Мало, Мало. В Эрмитаже-**то** успел побывать? (뻬쩨르부르그에 겨우 2일 머물렀다는 거야? 너무 짧은 시간이네. 에르미따쥐에나 갈 수 있었겠어?/에르미따쥐도 못 갔겠네?)

구어체에서 소사의 쓰임새는 매우 광범위하다. 아래의 소사들은 발화된 내용이나 의미를 보완하는 기능을 하는 소사들로 주로 문장의 두 번째 위치에 온다.

	- Зайди **хоть** на минутку. (몇 분일지라도 들어와.) - Ну **хоть** выслушай меня, а потом сам решишь, что тебе надо делать. (일단 내 말을 좀 들어, 그리고 스스로 뭘 할지 결정해.)

강조의 기능 хоть ведь даже	- Ты **ведь** придёшь к нам завтра, правда? (정말로 내일 오는 거야? 맞지?) - Как жаль, что мы не созвонились заранее. Мы **ведь** не знали, что ты уже вернулся из отпуска. (아쉽네. 이전에 통화라도 할걸. 우린 네가 휴가에서 돌아온 줄 전혀 모르고 있었네.) - Он **даже** не показал виду, что хочет уехать. (그는 떠나고 싶다는 티조차도 내지 않았어.) - Он **даже** не знает, что Анна уже уехала. (그는 안나가 떠난 것조차도 모르고 있었어.)
발화자의 불확실한 태도 вроде	- Не знаю, дома ли он, **вроде** уехал. (그가 집에 있는지 모르겠어, 어쩌면 떠났을지도 몰라.) - Он **вроде** приходил вчера. (그는 아마도 어제 도착한 듯 하다.) - Надо к нему зайти, он **вроде** уже вернулся домой. (그에게 들려야 해. 이미 집에 돌아와 있을지도 몰라.)
인과관계 ведь	- Поговори с ним, ты **ведь** знаешь, что он умный человек. (그와 이야기해봐. 그가 현명한 사람인 걸 너는 이미 알고 있잖아.)

4.3. 평가 술어(Предикативы оценки)

'평가 술어'(предикативы оценки)는 발화자의 의견이나 평가를 나타내는 술어로 기능하는 단어나 어구로 된 표현으로 오직 구어체에서만 사용된다. 이러한 표현에는 다음과 같은 것들이 있다.

긍정적 평가 очень даже ничего прелесть / просто прелесть	- Мне у них понравилось. **Очень даже ничего**. И дети у них **прелесть**.

부정적 평가 тоже мне не ахти так себе	**Тоже мне** поэт. (시인이 별로야.) Погода сегодня **не ахти** какая. (오늘 날씨는 그저 그래.) Сегодня купил туфельки. Они **так себе**. Вид **так себе**, зато есть все удобства. Ты тоже выглядишь **так себе**, дорогуша. Я сижу здесь почти одиннадцать часов, моё настроение так себе.
구체적인 맥락이나 상황에 대한 평가 ничего с ума сойти просто ужас	**Ничего**, ответ хороший. Такая грязная собака. **С ума сойти**. Пробка. **Просто ужас**.

다음은 중립체의 표현과 구어체의 표현을 비교한 것이다. 읽고 그 차이점을 비교해보자.

중립체	구어체
1. У тебя сегодня хороший ответ. Ты сегодня хорошо отвечал.	1. Ничего, ответ хороший.
2. Я думал, что у него будет интересный доклад, а оказалось, что не очень.	2. Я думал, что у него будет интересный доклад, а оказалось так себе.
3. - С ней всегда интересно, правда? - Да, она умный и приятный человек.	3. - С ней всегда интересно, правда? - Да, она прелесть.
4. Гулять не пойдём. На улице идёт очень сильный дождь.	4. Гулять не пойдём. На улице дождь - с ума сойти!

4.4. 한 단어 문장(Слова-предложения)

한단어 문장은 비분절문장(нечленимые предложения)으로 한 단어로 이루어진 문장이다. 주로 소사, 감탄사, 분리될 수 없는 조합의 단어구 등이 사용된다.

한단어 문장은 의미에 따라 다음과 같이 분류될 수 있다.[52)]

1) 긍정: Да! Точно (да)! Так точно! Ладно. Конечно. Безусловно. Хорошо (да). Именно. Вот то-то и оно. Ей-богу! Хоть бы и так.
2) 부정: Нет! Ни-ни. Отнюдь. Вот еще! Ничего подобного. Куда? Чёрта лысого.
3) 의문: Разве? Неужели? Да? Хорошо?
4) 의심: Вряд ли. Едва ли. Как будто.
5) 독려: Цыц! Шабаш! Айда! Стоп! Караул! Довольно!
6) 감정: Ничего себе! Ура! Браво! Батюшки! Вот тебе на! Скажи на милость! Вот так штука! Да ну! Увы!
7) 정중함: Спасибо. Пожалуйста. Здравствуйте! Привет! Пока! До свидания!

아래 제시된 표는 한단어 문장을 상대방의 말이나 특정 상황에 대한

---

52) 한단어 문장으로 감탄소사 또한 자주 사용되는데, 이는 감탄문이 되기도 한다. 한단어 문장에 있는 호명(обращение)은 문장의 분절이 아니다. (В составе нечленимого предложения может быть обращение, которое не является членом предложения.) Стоп, машина! Здравствуй, Новый год! Прощай, лето! В составе нечленимых предложений могут быть вводные слова. Ср. Да, разумеется. 참조: https://poisk-ru.ru/s37645t21.html

긍정과 부정이라는 광범위한 범주에서 나눈 것이다. 긍정 표현의 경우, 단순히 상대방의 발화에 대한 동의를 나타내는 경우와 상대방이 제안한 내용에 대하여 동의하는 경우로 나눌 수 있다. 부정적인 표현 역시 동일하게 나눌 수 있다. 아래의 표는 이러한 각각의 경우에 쓰이는 단어 및 어구와 구어체가 아닌 중립체에서는 어떻게 표현하는지 보여준다.

소통에서의 의미	구어체	중립체
상대방의 말에 동의	ага, вот-вот, ну да, в том-то и дело, и не говори(те) (вот) и я говорю	да, конечно.
상대방의 말에 부동의	Да нет, ничего подобного Не скажи вряд ли	нет
상대방의 제안에 동의	само собой а как же идёт! возможно постараюсь	да, ладно хорошо конечно с удовольствием
상대방의 제안에 부동의	ни за что ещё чего (ну) вот ещё да ну тебя	нет

표에서 보여주는 바와 같이 중립체와 비교하여 구어체의 표현은 매우 다양하다. 따라서 구어체에서 사용되는 표현에 대한 학습은 풍요로운 언어 구사에 필수적이라 할 수 있다.

아래의 표 역시 구어체에서 자주 사용되는 주관적 평가의 표현들을 보여주고 있다. 이와 같은 표현은 상대방의 말과 제안에 대하여 동의하거나 동의하지 않는다는 단순한 사실적 서술이 아니라 상대방의 말에 대한 긍정적이거나 부정적인 감정적 색채를 확연히 드러나게 하는 표현들이라 할 수 있다.

소통에서의 의미	구어체	문어체
독려	давай-давай а ну ну ну же	명령형 형태 사용
상대방의 말이나 상황에 대한 긍정적 감정의 표현	Здорово! Блеск! Класс! Порядок!	Хорошо!
부정적 감정의 표현	Ужас! Кошмар! Чушь! Цирк!	Нет!
구체적인 상황이나 맥락에 따라 발화자의 감정적 평가가 달라지는 표현	Нормально! Да что ты! Вот это да! Что ты говоришь! Скажешь тоже! Да ну тебя! Ух ты! Подумать только! С ума сойти!	Да, хорошо.

지금까지 살펴본 주관적인 감정이나 평가를 표현하는 구어체의 표현들은 구체적인 예문을 통해 그 의미를 익히는 것이 중요하다. 아래 제시된 예문을 주의 깊게 읽으며 굵게 표시된 표현의 의미에 집중해보도

록 하자.

1) - Серёженька, ты купишь мне новую шляпку?
- **Ни за что!**

2) - Вы не встретите меня после занятий?
- **Постараюсь**.

3) - Давайте вечером сыграем партию в шахматы.
- **С удовольствием**.

4) - Простите, это ваша ракетка?
- Да. А что?
- Вы не могли бы дать мне её на час?
- **Да нет**. Я уже ухожу домой.

5) - Мама, мы поедем в воскресенье на дачу?
- **Возможно**, доченька.
- А котёнка с собой возьмём?
- **Да ну тебя!**
- Жалко....

6) **Вот это да!** Как шикарно ты сегодня выглядишь!

7) **Подумать только!** Варя! Ты ли это! Ну и сюрприз! Откуда ты?

8) - Валь, давай сходим в кино.
- **Что ты! Ни за что!** У меня же завтра экзамен!

9) - Мам, пойдём погуляем.
- **Да ну тебя**, ведь вечером у тебя была температура.

10) - Ты знаешь, что сегодня по телевизору?
- **А ну**, посмотрим! Костя, включай!

11) - Ты, конечно, оказалась права.
- **Вот то-то же!** В другой раз не спорь со мной.

12) - Представляешь, он сегодня опоздал на целый час!
- **Ну и ну!** Вот это да! Что же с ним происходит?

13) - Тань, помоги мне вот эту задачку решить.
- **Ещё чего!** Это мне уже надоело. Просто сама не хочешь подумать.

4.5. 형동사, 부동사 구문

주로 문어체에서 사용되는 형동사와 부동사는 같은 내용을 표현하지만 다른 통사적 구조를 만드는데 필요하다. 아래의 두 문장을 비교해보자.

1) Пассажиры, **которые летят** в Хабаровск, делают пересадку в Москве.
2) Пассажиры, **летящие** в Хабаровск, делают пересадку в Москве.

1)은 관계대명사를 사용한 관계절이며, 2)는 관계대명사를 생략하고 동사 'лететь'의 능동형동사 형재형을 쓴 형동사 구문이다. 두 문장의 통사적 구조는 다르지만, 그 의미는 동일하다. 일반적으로 관계대명사가 사용된 관계절은 구어체에서 주로 사용되며, 형동사 구문은 주로

문어체에서 사용된다.

다양한 접속사에 의해 연결된 관계절은 부동사 구문으로도 바꿀 수 있다. 형동사 구문과 함께 부동사 구문 또한 주로 문어체에서 사용된다.

1) Когда я вхожу в старинную церковь, я всегда испытываю необыкновенное волнение.
2) Входя в старинную церковь, я всегда испытываю необыкновенное волнение.

따라서 러시아어 학습자에게 형동사와 부동사가 어떻게 만들어지는지 이해하는 것은 필수 과정이다.

형동사는 동사에서 만들어지며, 형용사 형태를 취하고 장어미형 형동사는 형용사처럼 변화한다. 형용사의 성질과 기능을 가지는데, 형용사와 같이 성, 수, 격은 관계하는 명사와 일치한다. 동사와 마찬가지로 현재와 과거, 완료상, 불완료상, 능동과 피동의 구분이 있는데, 미래형은 없다. 형동사는 크게 능동형과 피동형으로 나눌 수 있으며, 이들은 다시 현재형과 과거형을 가진다. 형동사는 부동사와 마찬가지로 문어에서 주로 쓰이며, 구어체로는 드물게 사용된다. 형동사는 앞의 선행사와 성, 수, 격이 일치한다.

다음의 표는 형용사와 형동사의 어미변화를 비교하고 있다.

격 (падеж)	ед. ч.				мн. ч.	
	муж. р.	действ. прич. наст. вр.	жен. р.	действ. прич. наст. вр.	прил.	действ. прич. наст. вр.
им.	хорош**ий**	читающ**ий**	хорош**ая**	читающ**ая**	хорош**ие**	читающ**ие**
р.	хорош**его**	читающ**его**	хорош**ей**	читающ**ей**	хорош**их**	читающ**их**
д.	хорош**ему**	читающ**ему**	хорош**ей**	читающ**ей**	хорош**им**	читающ**им**
в.	хорош**его**	читающ**его**	хорош**ую**	читающ**ую**	хорош**их**	читающ**их**
тв.	хорош**им**	читающ**им**	хорош**ей**	читающ**ей**	хорош**ими**	читающ**ими**
пр.	хорош**ем**	читающ**ем**	хорош**ей**	читающ**ей**	хорош**их**	читающ**их**

4.5.1. 능동형동사 현재

완료체 동사는 현재형이 없기에 능동형동사 현재를 만들 수 없으며, 불완료체 동사 3인칭 복수 현재형에서 '-т'를 떼어내고 남은 부분에 '-щий'를 붙여서 만든다. 대표적인 예들을 다음의 표에서 본다.

동사의 원형	3인칭 복수형	능동형동사 현재형
читать	чита-ют	читаю-щий
жить	жив-ут	живу-щий
слышать	слыш-ат	слыша-щий
говорить	говор-ят	говоря-щий

능동형동사 현재형은 'который 구문'으로 바꿀 수 있다.

Это студент, **читающий** книгу.
Это студент, **который читает** книгу.
У студента, **читающего** книгу, много книг.
У студента, **который читает** книгу, много книг.

Студенту, **читающему** книгу, нужно сдать экзамен.
Студенту, **который читает** книгу, нужно сдать экзамен.

Мы видели студента, **читающего** книгу.
Мы видели студента, **который читает** книгу.

Я познакомился со студентом, **читающим** книгу.
Я познакомился со студентом, **который читает** книгу.

Они разговаривали о студенте, **читающем** книгу.
Они разговаривали о студенте, **который читает** книгу.

4.5.2. 능동형동사 과거

능동형동사 과거형은 완료상과 불완료상 동사에서 파생할 수 있다. 능동형동사 과거는 완료상과 불완료상 동사의 과거 어간이 모음으로 끝나면 '-вший', 자음으로 끝나면 '-ший'를 붙여서 만든다.

동사원형	과거형	능동형동사 과거	뜻
читать	чита-л	чита-вший	읽던
прочитать	прочита-л	прочита-вший	읽었던
нести	нёс	нёс-ший	가지고 가던
расти	рос	рос-ший	성장하고 있었던

능동형동사 과거형은 'который 구문'으로 바꿀 수 있다.

Человек, читавший книгу, мой друг.
Человек, который читал книгу, мой друг.

Я увидел человека, стоявшего в углу.
Я увидел человека, который стоял в углу.

Автор, написавший этот рассказ, давно уже уехал в Россию.
Автор, который написал этот рассказ, давно уже уехал в Россию.

4.5.3. 피동형동사 현재[53)]

피동형동사 현재형은 현재시제를 가지는 불완료상 타동사에서 파생한다. 1인칭 복수 현재형에 형용사 어미 '-ый'를 붙여서 만든다. 다음은 대표적인 예이다.

동사의 원형	복수 1인칭	피동형동사 현재
читать	чита-ем	читаем-ый
любить	люб-им	любим-ый
давать	да-ём	даваемый
нести	несём	несомый

피동형동사 현재형은 'который(대격) 구문'으로 바꿀 수 있다.

Люди, любимые своими друзьями, всегда более счастливы в

53) брать, есть, ждать, знать, мыть, петь, писать, пить 등은 불완료상 타동사지만 피동형동사 현재형을 만들 수 없다. 피동형동사 현재형은 드물게 사용되어지는데, 자주 사용되어지는 단어는 다음과 같다. 형용사로도 자주 쓰이는 любимый, уважаемый, организуемый, рекомендуемый, читаемый 등과, разрешаемый, создаваемый, выполняемый, описываемый, рассказываемый, обвиняемый 등이 있다.

жизни.
Люди, которых любят друзья, всегда более счастливы в жизни.

Книга, читаемая всеми, очень интересна.
Книга, которую читают все, очень интересна.

Мы говорим об экзамене, сдаваемом студентами.
Мы говорим об экзамене, который сдают студенты.

4.5.4. 피동형동사 과거

피동형동사 과거형은 완료상 타동사에서 만들어지며, 타동사의 과거 어간에 '-нный', '-енный', '-ённый', '-тый'를 붙여서 만든다. '-ся' 동사에서는 만들어지지 않는다. 피동형동사 과거 형태는 문어체뿐만이 아니라 일상생활에서도 자주 쓰이므로 잘 익혀야 한다.

동사원형	과거형	피동형동사 과거형	뜻
прочитать	прочита-л	прочита-нный	읽힌
изучить	изуч(и-л)	изуч-енный	연구된
принести	принёс	принес-ённый	지참된
открыть	откры-л	открытый[57)]	열려있는
купить	куп-ил	купленный[58)]	사들여진

54) взятый (взять, 잡다), забытый (забыть, 잊다), закрытый (закрыть, 닫다), занятый (занять, 점유하다), запертый (запереть, 잠그다), мытый (мыть, 씻다), надетый (надеть, 입히다), начатый (начать, 시작하다), одетый (одеть, 옷을 입히다), открытый (открыть, 열다), покинутый (покинуть, 버리다), понятый (понять, 이해하다), приятый (принять, 받다), спетый (спеть, 부르다), убитый

불완료상 타동사는 능동형동사 현재, 능동형동사 과거, 피동형동사 현재형을 만들 수 있으며, 완료상 타동사는 능동형동사 과거, 피동형동사 과거형을 만들 수 있다. 불완료상 자동사(ехать, сидеть 등)는 능동형동사 현재형(едущий, сидящий)과 능동형동사 과거형(ехавший, сидевший)을 만들 수 있고, 완료상 자동사(приехать, сесть 등)는 능동형동사 과거형(приехавший, севший)만 만들 수 있다.

4.5.5. 형동사의 단어미

피동형동사는 형용사처럼 단어미 형태를 가진다. 단어미는 서술의 용법으로만 사용된다, 형용사와 마찬가지로 성, 수에 있어서 주어와 일치한다. 피동형동사의 단어미 시제 상으로 현재, 과거, 미래를 나타낼 수 있는데, 현재는 연결동사 없이 쓰이고, 과거는 'был, была, было, были', 미래는 'буду, будешь' 등과 함께 쓰인다.

단어미를 만드는 방법은 형용사와 동일하여, 장어미 형태에서 '-ый'를 떼어내면 남성단어미, 그것에 '-а, -о, -ы'를 붙여서 '여성, 중성, 복수' 형태를 만든다.

(убить, 죽이다) 등이 있다.

55) 피동형동사 과거형을 만들 때 어근에서 자음교체가 일어나는 예는 다음과 같다. брошенный (бросить, 던지다), встреченный (встретить), выращенный (вырастить, 양육하다), заплаченный (заплатить, 지불하다), изображённый (изобразить, 묘사하다), освещённый (осветить, 비추다), побеждённый (победить, 승리하다), приглашённый (пригласить, 초대하다), приготовленный (приготовить, 준비하다), прощённый (простить, 용서하다)

성	피동형동사 현재		피동형동사 과거	
	장어미	단어미	장어미	단어미
남성	любимый	любим	прочита**нный**	прочита**н**
여성	любимая	любима	прочита**нная**	прочита**на**
중성	любимое	любимо	прочита**нное**	прочита**но**
복수	любимые	любимы	прочита**нные**	прочита**ны**
남성	называемый	называем	открытый	открыт
여성	называемая	называема	открытая	открыта
중성	называемое	называема	открытое	открыто
복수	называемые	называемы	открытые	открыты

용례는 다음과 같다.

Эта книга прочитана всеми.
Эта книга была прочитана всеми.
Эта книга будет прочитана всеми.
Магазины закрыты.
Вчера магазины были закрыты.
Завтра магазины будут закрыты.

4.5.6. 형동사에서 명사, 형용사로 품사 전환한 단어

다음의 용례를 보자.

1) Однажды ко мне подошёл заведующий[56)] кафедрой.

56) 명사화된 능동형동사 현재형은 다음과 같은 것들이 있다. будущее (미래), настоящее (현재), прошлое (과거), проходящий (통행인), раненый (부상자), служащий (직원), трудящийся (근로자), управляющий (지배인), учащийся

2) Мой знакомый, заведующий библиотекой, пришёл ко мне.

위의 예에서 1)의 'заведующий'는 명사로 사용되고 있으며, 2)의 'заведующий'는 형동사 현재형이다.

형동사가 형용사로 전환한 예는 다음과 같다.

блестящий успех (빛나는 성공)
знающий человек (교육 받은 사람)
наша любимая песня (우리들이 좋아하는 노래)
раненые бойцы (부상병)
разрушенный дом (파괴된 집)
уважаемый ректор (존경하는 총장님)
цветущее предприятие (번영하는 기업)

4.5.7. 부동사

부동사는 동사에서 만들어지며, 동사와 부사의 성질 및 기능을 가진다. 동사적 특성으로 완료상과 불완료상의 구분이 있고 보어를 가질 수 있다. 자동사와 타동사에서 만들어진다. 부사적 특징은 부사처럼 변하지 않으며, 성, 수, 격이 없다. 문어체에서 주로 쓰이는 형태이다. 불완료상 동사에서 파생하는 불완료상 부동사(부동사 현재)와 완료상 동사에서 파생하는 완료상 부동사(부동사 과거)가 있다.

(학생), данные (자료)

4.5.8. 부동사 현재 (불완료체 부동사)

불완료체 부동사는 주절의 동사가 나타내는 동작과 동시에 일어나는 부차적인 동작을 나타내며, 불완료체 동사의 3인칭 복수 현재형 어간에 '-я' 또는 '-а'를 붙여서 만든다. 그 자체는 시제를 나타내지 않으며, 주동사가 나타내는 동작과 동시에 이루어지는 동작을 나타내기에 주동사가 불완료체 부동사의 시제를 결정한다.

동사원형	복수 3인칭	부동사	뜻
читать	чита-ют	чита-я	읽으면서
говорить	говор-ят	говор-я	말하면서
слышать	слыш-ат	слыш-а	들으면서
кричать	крич-ат	крич-а	소리치면서
заниматься	занима-ют-ся	занима-я-сь	공부하면서
давать	да-ют	давая[60]	주면서

다음의 예를 보자.

Папа смотрит телевизор, читая книгу.
Папа смотрел телевизор, читая книгу.
Папа будет смотреть телевизор, читая книгу.

57) '-авать' 형의 동사는 부정법 어간에 'я'를 붙여서 만든다. вставая (вставать, 일어나다)

4.5.9. 부동사 과거(완료상 부동사)

불완료상 부동사가 동시 동작을 나타낸다면, 완료상 부동사는 순차적인 동작을 표현하며, 완료상 동사에서 만들어진다. 완료상 부동사는 완료상 동사의 과거어간이 모음으로 끝나면 '-в(ши)', 자음으로 끝나면 '-ши', '-ся'로 끝나는 동사에서는 모음 뒤에서 '-вшись', 자음 뒤에는 'шись'를 붙인다.

동사원형	과거형 어간	완료상 부동사	뜻
прочитать	прочита-л	прочита-в(ши)	읽은 후
принести	принёс	принёс-ши	가지고 온 후
возвратиться	возврати-л-ся	возврати-вшись, возвратясь[61)]	돌아온 후
прийти	пришё-л	пришед-ши, придя	도착한 후

Когда Наташа купила нужные вещи, она пошла домой.
Купив нужные вещи, Наташа пошла домой.

---

58) 예외인 경우는 다음과 같다. приведши, приведя (привести, 인도하다), войдя (войти, 들어오다), принеся (принести, 가지고 오다), услыша (услышать, 들리다)

4.6. 한성분 문장과 불완전 문장

4.6.1. 특정인칭문

독립된 문장 1개로 이루어진 문장을 단문(простые предложения)이라고 한다. 단문은 하나의 성분, 즉 주어 혹은 동사 중 하나로만 이루어진 통사구조의 한성분(односоставные)문장[59]과 주어와 술어가 있는 통사구조를 가진 두성분(двусоставные) 문장이 있다. 두성분 문장은 문장의 주성분이 주어와 동사로 이루어진 단문이다. 이러한 단문은 일반적으로 인칭문이라 할 수 있는데, 인칭문은 사람 또는 사물이 주어로서 확실하게 나타난 문장을 말한다. 이에 반해, 문장의 주성분이 하나로 이루어진 통사구조를 가진 단문은 한성분문장이다. 달리 말하면 한성분문장은 주어 혹은 술어 중 하나로만 이루어진 통사구조를 가진 문장이다. 문장의 주성분인 주어가 명사 하나로 이루어지는 경우도 있다. 예로 '겨울이다.'(Зима.)와 같은 문장을 들 수 있다.[60]

---

59) 여기에는 보편인칭문(обобщённо-личные предложения)으로 지칭되는 문장도 속한다. 보편인칭문은 동사가 나타내는 행위나 동작이 누구나에게 적용될 수 있는 것이다. 가장 전형적인 보편인칭문의 동사는 현재 및 미래 2인칭 단수인 문장이다. 예를 들면, Без труда не вынешь и рыбку из пруда./Скажешь-не воротишь, 와 같은 문장이 있다. 보편인칭문에서도 술어가 명령형 동사가 되기도 한다. Век живи, век учись.와 같은 예문을 들 수 있다. 보편인칭문은 주로 보편적 사실, 속담, 격언, 진리 등을 나타낼 때 사용된다.

60) 한성분 문장에서 주요 문장성분이 명사로된 주어라면 이는 명명문(номинативное предложение)이 된다. 시제는 현재이며, 존재의 긍정을 나타낸다. 과거나 부정이 되면 이미 명명문이 아니다. 표상용. 노어학 개론. 1997. 365쪽.

반면, 한성분문장에서 사용된 하나의 성분이 동사일 때, 술어로 쓰인 동사의 형태에 따라 다음과 같이 세분화된다.

1) 특정인칭문(определённо-личные)

2) 불특정인칭문(неопределённо-личные)[61)]

3) 무인칭문(безличные)

특정 인칭문은 사람 또는 사물이 주어로서 확실하게 나타나는 인칭문(личное предложение)에서 주어가 생략된 형태이다. 주로 구어체에서 쓰이는 문장 형태로 동사는 인칭, 성, 수에 있어서 주어와 일치한다.[62)] 특정인칭문의 술어로 쓰이는 동사는 1인칭 단수나 복수, 혹은 2인칭 단수나 복수 형태이며 현재와 미래 시제 형태이다. 다음의 예문을 보면서 한 성분문장의 통사구조를 익히도록 하자.[63)]

Люблю искренность во всём.
Поговорим о наших планах на завтра.
Возьмёшься довезти меня до вокзала?

---

61) 이는 부정(不定)인칭문으로 번역되기도 한다. 불특정인칭문은 명확하게 드러나지 않는 주체에 의해서 행해지는 동작이나 행동을 나타낸다. 주어는 생략되고 술어는 현제시제나 미래시제에서는 3인칭 복수를, 과거시제에서는 복수형을 취한다. 예를 들면 다음과 같은 문장이 있다. В магазин скоро привезут новые книги. Говорят, что можно долететь до Луны. Дом ремонтируют. 이명자. 러시아어의 구조. 2007.

62) 표상용. 노어학 개론. 1997. 359-370쪽.

63) https://russkiiyazyk.ru/sintaksis/primeryi-opredelyonno-lichnyih-predlozheniy.html 예문의 출처.

Искренне жалею о своих неосторожных словах.
Поздравим же именинника с юбилеем!
Переведу часы, чтобы не опоздать на встречу.
Оставим пустые разговоры и займёмся делом.
Не будем говорить о прошлом.
Ходим, мечемся, суетимся, и всё напрасно.

인칭에 따라 동사의 형태가 변하는 러시아어의 특징으로 말미암아 행위의 주체가 누구인지 알 수 있다. 한성분문장에서 동사 형태에 따라 유추되는 주어는 1인칭 단수(Я)이거나 복수(Мы)가 되고, 2인칭 단수(Ты)이거나 복수(Вы)가 된다. 시제는 항상 현재형이거나 미래형이 된다. 결론적으로, 특정인칭문에서 동사의 형태는 절대 3인칭 단수 혹은 복수의 형태가 될 수 없다. 또한 과거형이 될 수도 없다. 오로지 성과 수에 따라 현재형이거나 미래형의 동사 형태가 된다. 다만 명령형 형태는 가능하다. 명령형의 예는 다음과 같은 문장이다.

Не гляди на меня так грустно!
Забудьте меня навсегда!
Учите великий и могучий русский язык!
Давай прочитаю тебе стихи!
Запомни эти слова!
Верь в хорошее, и оно к тебе придет.
Гордись, что ты сын великой страны!

한성분문장에 속하는 특정인칭문은 수신자로 하여금 자신이 이야기하고자 하는 사건이나 상황 등의 내용에 더 큰 주의를 기울이도록 하기 위한 전략적 발화라고 할 수 있다. "Хочу заниматься спортом."과 같은 문장에서 주어가 생략됨으로써 대화 상대방에게 운동을 하고자 하는 의지를 보다 강력하게 전하는 기능을 수행하게 되는데, 이와 같은 통사구조는 주로 구어체, 예술체, 미디어체 등에 사용된다.

반면, 주어가 있는 문장, 즉 두성분문장은 발화의 내용이나 상황에 속한 주어(주체)에 역점을 두게 한다. 아래의 문장들을 비교하며 그 차이점을 느껴보자.

1) Сходите на выставку молодых художников. Настоятельно советую! 2) Не понимаю, как можно не любить хоккей. Люблю его с детства. 3) Не будем спорить. Думаю, что теннис интереснее.	1) Вы сходите на выставку молодых художников. Я настоятельно советую! 2) Я не понимаю, как можно не любить хоккей. Я люблю его с детства. 3) Давайте не будем спорить. Я думаю, что теннис интереснее.

4.6.2. 무인칭문

무인칭문(Безличные предложения)은 특정한 주체가 나타나지 않는 동작이나 상태를 나타내는 술어를 가진 통사구조의 한성분문장이다. 달리 말하면, 무인칭문이란 주어가 없고, 술어가 무인칭동사 또는 술어적 부사로 표현되는 문장을 말한다. 무인칭문은 술어부사, 무인칭

동사, 또는 부정소사가 정보의 중심역할을 하는 발화이다. 이 문형은 화자의 의지와 관계없이 일어나는 사건이나 행위를 나타내고자 하는 표현방식이기도 하다. 무인칭문의 술어는 현재, 미래에서는 3인칭 단수, 과거에서는 중성, 단수의 형태를 취한다.

무인칭문의 술어는 다양한 방식으로 표현된다.

1) 자연현상 및 육체적, 심리적 상태를 표현하는 무인칭 동사

На улице ветрено.
Быстро рассвело.
Уже смеркается.
Стемнело бы скорее!

2) 무인칭의 의미를 가진 인칭동사

Пахнет гарью.
Поздняя осень несёт нам серые дни, туманы и непогоду.
Откуда-то несёт запахом сырости.
Глаза засыпало песком.[67)]

3) -ся 동사 혹은 동사원형

Мне хочется спать.
Здесь весело живётся.
Начало смеркаться.
Нам не видать таких сражений! (М. Лермонтов)
Что-то мне трудно дышать в этой комнате.
Не работается.
Жить трудно.[65)]

---

64) 이 예문들에 쓰인 동사는 인칭 주어를 갖는 동사들이다. 그러나 3인칭 단수형 혹은 중성 단수형의 무인칭 동사로 쓰이고 있다. 러시아어에서는 인격이 없는 물체나 대상을 능동적으로 표현할 수 없다. 주로 자연현상을 표현하는 문장에서 인칭동사가 무인칭 동사로 쓰인다.

65) 술어적 부사가 동사원형 뒤에 오는 무인칭문. 이 문장이 만일 'Жить-трудно.'가 된다면 'жить'가 주어가 되고 'трудно'는 술어부사가 되어 한성분문장에 속하는 무인칭문이 아니다.

Нам надо ехать.[66)]
Лень заглянуть в справочник.
Нам пришлось потесниться на сиденье автомобиля.
Хотелось есть.

4) 정서적, 물리적 상태를 나타내는 단어

Мне грустно.
Пусто и неуютно в осеннем поле.
Кажется, ему здесь тоскливо одному.

5) 존재의 부정을 나타내는 부정소사. 이때는 부정소사가 정보의 중심역할을 한다.[67)]

Уюта-Нет! Покоя-Нет.
Людей неинтересных в мире нет (Е. Евтушенко).
У нас иного выхода не было.
Нет времени. Ни огонька, ни проблеска света.

6) 피동형동사 중성 단어미

В доме жарко натоплено.
У нас совсем ещё не прибрано к празднику.
В комнате накурено.

---

66) 이 문장에서 동사원형과 결합하는 술어부사 'надо'가 없다면 이는 무인칭문이 아니라 미정형문장(инфинитивное предложение)이 된다. 미정형문장의 경우, 미래에 반드시 일어나야 할 행위나 동작을 표현한다. 즉, 무인칭문과 비교하여 좀 더 필요성이나 구속성이 강하다고 할 수 있다.

67) 강덕수. 러시아문장의 이해. 2014. 25쪽.

7) 당위, 의무를 나타내는 동사

Вам следует поступить.
Эту книгу стоит прочесть.
Нужно обсудить.
Мне нужно действовать.
Следует выспаться.

무인칭문에서 행위나 동작의 주체, 일정 상태에 있는 주체를 표시하고자 할 때는 항상 여격이 사용된다.

Меня тошнит.
Мне не терпится.[68)]
Ночью дедушке не спится.

다음은 다양한 무인칭문의 예이다. 제시된 무인칭문장에서 어떤 품사가 술어 기능을 하는지 확인해보자.

Дедушку знобит с самого утра.
Зимой быстро смеркается.
Неужели уже светает?
Что-то матери недужится.
С вечера снежит из низких серых облаков.
После оттепели так подморозило, что все дороги превратились в сплошной каток.
Видно, не будет у нас с тобой согласия.
Нет прошедшим годам возврата.

---

68) 무인칭문에서 주어가 되는 인칭은 여격이 되지만, 행위의 주체를 조격으로 나타낼 수도 있다. 예를 들면 다음과 같이 문장이다. Ветром сорвало крышу.

Туманно и дождливо за заплаканным окном.
Несло запахом свежескошенной травы.
В висках застучало от напряжения.
Над лесом засинело. Видно, собирается гроза.
Было срочно послано за доктором.
У нас давно всё прибрано.
Нам не забыть этого синего моря!
Им не хотелось это обсуждать.
Наконец-то распогодилось.[69]

주로 심리적, 정서적 상태를 나타내는 무인칭문은 구어체에 사용되고, 자연 현상을 묘사하는 무인칭문[70]은 예술체에서 주로 사용된다. 한편, 학술체에서도 무인칭문은 광범위하게 사용된다. 이때 무인칭문은 주로 당위성이 있는 사실이나 가능성 있는 현상 등을 표현한다. 학술체에 쓰인 무인칭문은 두성분문장으로 표현된 것과 비교하여 자발적인 현상, 비자발적 행위 등에 대한 구분을 확연하게 보여주는 기능을 한다. 학술체에서 무인칭문의 사용은 객관성과 냉철함을 강조하는데 좀 더 효과적이라 할 수 있다.

아래의 문장들은 구어체와 예술체, 학술체에 쓰인 무인칭문과 같은 내용의 두성분문장이다. 즉, 한성분문장의 무인칭문과 같은 내용이 두성분문장으로 표현되었을 때 어떤 차이점이 있는지 비교할 수 있도록 한 것이다. 러시아어 학습자로서 이 두 문장의 차이점을 완벽하게 느낄

69) https://russkiiyazyk.ru/sintaksis/primeryi-bezlichnyih-predlozheniy.html 예문출처.

70) 자연현상에 관한 무인칭문의 용법은 자연발생적인 일들이 신의 뜻에 의한 것이기 때문에 그 이름조차 거명하는 것이 두려웠던 고대인들의 신앙에서 비롯되었다는 주장이 있다. 표상용. 노어학 개론. 1997. 367-368쪽.

수 있다는 것은 사실 쉽지 않다. 그러나 모국어라 할지라도 다양한 텍스트에 대한 강독이 없다면 불가능한 일이기도 하다. 따라서 같은 내용을 가진 다른 표현의 문장을 많이 읽는 것이 러시아어 문체를 이해하는 어려움을 조금이나마 극복하는 방법이 될 것이다.

구어체	
- А что ты умеешь делать? - Не много. Во всяком случае, можно и гвозди заколачивать, нетрудно!	- А что ты умеешь делать? - Я могу не много. Во всяком случае, я могу и гвозди заколачивать.
- Нельзя ждать! - Что же предлагаете? - Сегодня же ехать на завод.	- Мы не должны ждать! - Что же вы предлагаете? - Сегодня же мы должны ехать на завод.
예술체	
Рассветает. Вовсе нет паутин на вырубках. Очень тихо.	Начинается рассвет. На вырубках мы не сможем найти паутин. Я не слышу никаких звуков.
학술체	
Изложение геометрии должно начинаться с аксиом. Из аксиом можно выводить теоремы, из этих теорем - новые теоремы и т. д. Но не приняв сначала ни одной аксиомы, мы не сможем двинуться с места.	Изложение геометрии мы должны начинаться с аксиом. Из аксиом мы можем выводить теоремы, из этих теорем - новые теоремы и т. д. Но если мы не примем сначала ни одной аксиомы, мы не сможем двинуться с места.

4.6.3. 명명문

문장의 주성분이 대상이나 현상을 명명하며, 그것들이 실제 존재한다는 사실을 나타내는 일성분 문장을 명명문이라 한다. 한성분문장에 속하는 명명문은 문장의 주성분이 이성분문장의 주어와 일치하는 주격 형태의 명사나 수사가 된다.

Белый снег.
Ветер, ветер!
Май.
Солнечный день.
5 часов вечера.
Лекция по русскому языку.

이차성분이 없음에도 불구하고 명명문은 완전한 문장이다. 주격명사 이외에 형용사가 함께 쓰인 한성분문장에 속하는 명명문은 두성분문장과 구분되어야 한다.

1) Весна дружная и тёплая.
2) Дружная и тёплая весна.

1)은 두성분문장이고 2)는 한성분문장의 명명문이다. 부언하면 한성분문장의 명명문에서 한정사(수식어)로 쓰인 형용사에는 강세가 찍히지 않는다. 이때 형용사는 주격형 명사 앞에 위치한다. 반면, 두성분문장에서 형용사는 술어 역할을 하며 형용사에 강세가 찍힌다. 이때 형용사는 주격형 명사 뒤에 위치한다.

한성분문장에 속하는 명명문은 주격형의 명사 이외에 부사 혹은 격변화된 명사와 함께 쓰인 두성분문장과도 구분되어야 한다. 만일 격변화된 명사나 부사가 주격형의 명사를 한정(수식)하는 기능을 할 때는 한성분문장의 명명문이 된다. 그러나 부사 혹은 전치사와 함께 쓰인 명사구가 의미상 생략된 동사와 관련이 있다면 이는 두성분문장에 속하는 생략문(двусоставное эллиптическое)이 된다.

1) Домик на окраине.
2) Домик–на окраине.

1) Ловля птиц.
2) Заяц–в кусты. Сегодня–митинг.

명명문은 일반적으로 예술체, 구어체, 스포츠 보고서 등에서 자주 사용된다.[71)]

아래의 문장들은 같은 내용을 다룬 한성분문장과 두성분문장을 비교할 수 있도록 제시한 것이다. 주의 깊게 읽어보자.

① **Ракетка. Теннисные мячи. Фотографии. Награды**. Это действительно была комната мастера спорта, чемпиона страны.

② **На полке мы увидели позолоченную ракетку. За стеклом лежали разноцветные мячи. На стене висят фотографии разных лет. В шкафу хранятся награды, полученные на международных соревнованиях**. Это действительно была комната мастера спорта, чемпиона страны по теннису.

① **Закат. Берег моря. Лодка, брошенная кем-то**.

② **Меня удивила картина, на которой изображён розовый закат. На живописном берегу молчаливого моря одиноко лежала лодка, брошенная кем-то**.

① - Вы уже были в театре?
- Да, конечно, мы были в Мариинском театре, смотрели

71) Лысакова И.П. с. 103.

балет "Корсар".
- Вам понравился балет?
- **Да, прекрасная постановка**.

②- Вы уже были в театре?
- Да, конечно, мы были в Мариинском театре, смотрели балет "Корсар"
- Вам понравился балет?
- **Да, балет прекрасно поставлен**.

4.6.4. 불완전 문장 (Неполные предложения)

문장은 구조적 특성에 따라 단문(простое предложение)과 복문(сложное предложение)으로 나누어진다. 단문은 서로 간에 의미상, 구조상의 관계를 맺고 있으며, 복문은 두 개 이상의 단문으로 이루어져 있다.[72)] 단문은 또한 한성분문장과 두성분문장, 비확장문(нераспространённое предложение)[73)]과 확장문(распространённое предложение)[74)], 완전문장(полное

72) 복문은 다시 병렬복문(сложносочинённое предложение), 무접속사복문(бессоюзное сложное предложение), 종속복문(сложноподчинённое предложение)으로 나누어진다. 병렬복문은 и, а에 의해 연결된다. 무접속사복문은 접속사 없이 앞 단문의 설명, 보충 등을 나타낸다. 종속복문은 두 단문 중, 하나(종속문)가 다른 단문(주문)에 종속되어 있고, 접속사 또는 관계사에 의해 종속문과 주문이 결합된 통사적 구조를 가진다. 표상용. 노어학 개론. 1997. 389-390쪽.

73) 비확장문은 주어와 술어, 또는 하나의 주성분만으로 구성된 문장을 의미한다. 주어나 술어에 연관된 다른 성분이 없다. 소사, 삽입어, 감탄사, 불변화사 등이 있다 해도 확장문이 되지는 않는다.

74) 주성분 외에 부차적 성분, 즉 정어(определение), 보어(дополнение), 상황어(обстоятельство) 등을 가지는 문장이다. **С утра** пошёл снег.

предложение), 불완전문장(неполное предложение)으로 분류된다.[75)]

완전문장은 특정 구조에 의해 규정된 모든 통사적 구조에 필요한 성분이 모두 갖추어진 문장을 말하며, 한성분문장일 수도 있고, 두성분문장일 수도 있다.

다음은 그 예문들이다.

Каждую осень я приезжал в лесную деревню и шёл от неё к озеру. (Паустовский К.)
Только не порвите серебряные струны. (Высоцкий В.)
Не нагнать тебе бешеной тройки! (Некрасов Н.)
По одёжке протягивают ножки. (пословица)

위의 예문들은 한성분문장이거나 두성분문장으로서 통사적 구조상 모든 성분이 갖추어져 있고, 의미상 설명이 필요한 선행문장이나 맥락이 필요하지 않다.

이에 반해, 불완전문장은 특정 구조에 필요한 어떤 성분이 하나, 또는 몇 개가 결여된 문장을 지칭한다. 불완전문장에서 생략되거나 결여된 성분은 선행문장으로부터 어렵지 않게 찾을 수 있다. 다음 대화를 읽어보자.

- Где учится ваша сестра?
- Моя сестра учится в университете.
- А брат где?
- Брат в энергическом институте.[76)]

---

75) 조남신. 393쪽.

76) 이용권. 정통러시아어 문법. 통사론. 2013. 149쪽.

첫 번째 문장의 질문과 대답은 완전문장이다. 이 문장 속에는 문장의 모든 성분이 존재한다. 그러나 두 번째 질문과 대답은 불완전문장이다. 이 문장에는 술어인 'учится'가 생략되어 있기 때문이다. 생략된 술어는 선행한 질문과 대답을 통해 쉽게 추측할 수 있다.

1) Труд пробуждает поле, а поле — человека. (пословица)
2) Золото испытывают огнём, человека — трудом. (пословица)

1) 문장에서 'а поле — человека'는 두성분문장의 불완전문장이다. 술어 'пробуждает'가 빠져 있기 때문이다. 2) 문장의 예에서 'человека — трудом' 또한 불특정인칭문의 불완전문장이다. 술어 'испытывают'가 빠져 있기 때문이다. 이 두 술어는 모두 선행하는 문장에서 쉽게 유추할 수 있다.

불완전문장은 두성분문장과 한성분문장, 그리고 비확장문과 확장문이 되기도 한다. 불완전문장의 비확장문은 무엇보다 구어체의 대화에서 자주 발견된다.

- Ты где купался утром?
- В озере.
- Как тебя зовут?
- Антипом, батюшка. (Тургенев И.)

무엇보다 불완전문장은 동사로 표현되는 술어가 빠지는 것이 일반적이다. 다음은 완전 문장과 불완전문장을 비교한 것이다.

- Девушка, примите, пожалуйста, телеграмму! - Подождите минуточку!	- Девушка, примите, пожалуйста, телеграмму! - **Минуточку**!
В метро - Ты сейчас выходишь? - Да, сейчас будет моя станция.	- Ты выходишь - **Да. сейчас моя**.

다음 문장을 보고 생략된 술어가 무엇인지 생각해보자.

1) (Маша купила сувенир) Это ты брату?
2) (В кассе Аэрофлота) Два билета до Сочи.
3) (По телефону) Виктора, пожалуйста.
4) (Сергей ежедневно тренируется в бассейне) Ты к соревнованиям?
5) (Лена купила лыжи) Это ты себе или сыну?

4.7. 어순

화제와 정보는 문장의 기본요소이며 문장의 기능적 분절[77]을 이루는 두 단위이다. 화제는 발화(высказывание)의 출발점으로서 화자가 말하고자 하는 대상이나 주제가 된다. 정보는 발화의 귀착점으로 화자가 알리고자 하는 내용을 의미한다. 따라서 중립체의 문장은 일반적으로 화제로 시작되어 정보로 끝나게 된다.[78] 다음의 두 문장을 비교해보자.

77) 문장을 주어, 서술어, 목적어로 나누는 것을 통사적 분절이라고 하고, 문장을 의미에 따라 나누는 것을 기능적 분절이라고 한다. 기능적 분절은 화제와 정보로 나누어진다.

78) 강덕수. 8쪽.

1) Москва - столица России.
2) Столица России - Москва.

위의 두 문장에서 중요한 것은 'Москва'와 'Столица'가 문장 첫머리에 위치한다는 것이다. 1)은 "Что это Москва?"에 대한 대답으로 'Москва'가 화제이며, 정보는 'столица России'가 된다. 이에 반해 2)는 "Что столица России?"에 대한 대답으로 화제는 'столица России', 정보는 'Москва'가 된다. 즉, 어순에 따라 화제와 정보가 바뀌게 된다.

러시아어 구어체에서 어순은 매우 특별한 성격을 가진다. 그중 하나가 말하고자 하는 중요한 내용, 즉 정보가 화제보다 먼저 올 수 있다는 것이다. 즉, 구어체에서는 정보가 문장 앞에 올 수 있다는 것이 특징이다. 아래의 문장을 비교해보자.

중립체	구어체
Маша, ты летишь в Киев? Не забудь взять что-нибудь почитать в дорогу. Возьми детектив или фантастику.	Маша, ты летишь в Киев? Что-нибудь почитать не забудь взять. Детектив или фантастику возьми.
Я упаковала чемодан.	Чемодан я упаковала.
В июле мы собираемся на море.	На море мы собираемся в июле.
Вчера Катя заказала билеты.	Билеты Катя вчера заказала.
Я посмотрела эту выставку.	Выставку эту я посмотрела.

다음은 아래의 문장을 비교하고 어느 문장이 좀 더 강한 표현력을 가지는지 생각해보자.

Все в доме любят котёнка. Он ласковый	Ласковый он!
- Почему ты не принес мне пластинки? - Я забыл. Извини, пожалуйста.	Забыл Я! Ты уж извини, пожалуйста.
У него прекрасная коллекция.	Коллекция у него прекрасная.
Иди скорее, кино начинается!	Кино начинается, иди скорее.
Прекрасные цветы - розы.	Розы - прекрасные цветы.

구어체 문장에서는 아래 기술된 바와 같은 경향이 강하게 나타난다.

동사의 지배를 받는 여격, 대격, 조격, 전치격 명사(구)가 동사 앞에 온다.

Скажи **сестре** об этой выставке, ей интересно будет. (여격)
Сестре скажи об этой выставке, ей интересно будет. (여격)
Я должна бежать. **Подругу** встречаю. (대격)
Я должна бежать. Встречаю **подругу.** (대격)
Я накормила их **фруктами**. (조격)
Я **фруктами** их накормила. (조격)

Ты не забыл **о цветах?** (전치격)
Ты **о цветах** не забыл? (전치격)

명사 지배형 어구에서 생격인 명사가 주격 명사 앞에 온다.

Это **Саши Петрова** машина.
Это машина **Саши Петрова**.

수식하는 형용사가 명사 뒤에 온다. 명사와 떨어지지 않는 경우와 명사와 형용사가 떨어진 경우가 있다.

Лена, купи **хлеба свежего**.
Возьми вон ту **вазочку маленькую**.
Ты будешь **кофе чёрный** или с молоком?

У тебя **газета** есть **сегодняшняя**?
Она **гимнастикой** занимается **художественной**.
Цветы он мне подарил **необыкновенные**.

수식하는 대명사가 명사 뒤에 오는 경우[79)]가 있는데, 대명사와 명사가 떨어지지 않는 경우와 떨어지는 경우가 있다.

Мама моя хорошо вяжет.
Отец твой очень мне понравился.
Брата своего сто лет не видела.

Очки не видел где **мои**?
Подругу я **твою** вчера видела.

한 질문에 대한 두 가지 형태의 대답을 비교하여, 어떤 차이점이 있는지 생각해 보자.

- Кто сообщил новость?
1) Сосед наш сообщил новость.
2) Новость сообщил наш сосед.

- Кем ты хочешь быть?

---

79) 이와 같은 경우 대명사에는 강세가 오지 않는다.

1) Я хочу быть врачом.
2) Врачом я хочу быть.

- Кто звонил?
1) Звонила Ася.
2) Ася звонила.

- Что вас так удивило?
1) Меня удивила его начитанность.
2) Начитанность его меня удивила.

- Куда вы собираетесь?
1) На озеро, в лес собираемся.
2) Мы собираемся в лес, на озеро.

형용사 일치 정어가 명사 뒤에 오는 구어체의 특징은 시 작품 속에서도 자주 만날 수 있다. 이와 같은 도치는 문학 작품의 민속성 혹은 토속성을 부각시키고 시적 운율을 높이는 효과를 준다. 뿌쉬킨(Пушкин А.)의 시를 읽어보자.

Брожу ли я вдоль улиц шумных,
Вхожу ли в многолюдный храм.
Сижу ль меж юношей безумных,
Я предаюсь моим мечтам.

다음은 구어체 어순의 특징을 중심으로 작성된 텍스트이다. 굵게 표시된 어구에 주의하며 읽어보자.

Семья наша большая, дружная. У каждого есть своё увлечение. **Бабушка наша** любит гулять в **парке соседнем**, потому что далеко ей добираться тяжеловато. Дедушка часто ходит в парк вместе с ней, не гулять, а играть в шахматы с **друзьями-приятелями своими**. **Внучка их**, а моя сестра - Маша - обожает бассейн, с **подружками своими** она бегает туда через день. Наш папа - заядлый рыболов, и хотя **мама наша** недолюбливает рыбалку, она ездит **с ним вместе**, потому что ей нравится бывать на свежем воздухе. А я **всё люблю**: **путешествия люблю**, кино и театр, **встречи** со своими друзьями и знакомыми **люблю, плавать и бегать люблю, читать люблю**. Наша Машка часто ходит в театр и в кино со мной. А ещё она любит читать мои книги. Я это знаю, и поэтому, когда моей книги нет на месте, я всегда иду к сестричке: "**Книга моя** где?" Маша покорно отдаёт книгу.

5. 전치사[80)]와 문체

전치사(구)도 문체와 관련이 있는데, 일반적 문법서에 같은 표현으로 설명이 되어 있는 전치사 유의어도 문체적으로는 상이한 특징을 보인다. 본 장에서는 전치사(구)의 뜻에 따라 시간, 원인, 목적, 조건, 양보, 비교(대비)를 나타내는 전치사로 크게 나눈 후 예문을 비교하면서 살펴본다.

5.1. 시간을 나타내는 전치사

5.1.1. 순간, 또는 행위가 이루어지는 시간의 흐름을 나타내는 전치사

5.1.1.1. 중립체

- в + 대격

В городском парке, через который они проходили **в два часа** ночи, мяукали кошки.

- в(на) + 전치격

В прошлом году в Финляндию ездил зимой.
На этой неделе наша семья отдыхала на море.

80) 예문들은 러시아어 말뭉치 사전(ruscorpora.ru)에서 발췌하여 인용하였다.

- во время + 생격

Во время варки можно добавить варёный рубец.

- за + 대격

А **за год** его стоимость на российском рынке взлетела в 2 раза.

- на + 대격

По закону, такое возможно не более чем **на три месяца**.

- с + 생격 + до + 생격

Супермаркет работает **с восьми до двадцати двух** часов.

5.1.1.2. 공식체

- в течение + 생격

Картина всякий раз вызывает слёзы, и не один раз **в течение фильма**.

- на протяжении + 생격

На протяжении всего фильма он искренно верит в любовь и старается получить это недостающее ему чувство.

- с(со) + 생격 + по + 대격

Во второй школе я училась **со второго по шестой класс**.

5.1.2. 행위가 반복되는 시간의 표현

'매주 수요일', '수요일마다'처럼 행위가 반복되는 시간을 표현하는 러시아어는 중립체에 해당하는 '**каждый** + 대격'과 구어체에 해당하는 'по + 복수 여격'이 있다.

Каждую среду я хожу в бассейн. (중립체)
По средам она ходит в фитнес-клуб. (구어체)

이론적으로 이런 구분을 할 수도 있지만 실제 상황에선 이 두 문체가 같이 존재하기도 한다. 중립체와 구어체를 완벽하게 구별하여 사용할 순 없음을 나타내는 예이다.

Люда живёт рядом, приходит **каждую среду**, **по средам** у неё выходной.

5.1.3. 행위가 순차적으로 일어나는 시간 표현

'얼마 지나서', '어떤 일 이후에'를 표현하는 전치사는 중립체에 해당하는 'через + 대격', 'через + много, несколько', 'после + 생격', 'через + 대격 + после + 생격'이 있고, 공식체에 쓰이는 것으로는 'спустя + 대격', 'спустя + много, несколько', 'по + 전치격'이 있다.

5.1.3.1. 중립체

- через + 대격

Через неделю вернусь, не переживай, что со мной может случиться!

- через + много, несколько

Мы с другом встретились **через много лет**.

- после + 생격

Год назад я не пила кофе **после обеда**.

- через + 대격 + после + 생격

Через десять минут после обеда все спали.

5.1.3.2. 공식체

- спустя + 대격

Но **спустя** почти ровно **год** всё повторилось как в страшном сне.

- спустя много, несколько

Только спустя несколько лет страны восстановили добрососедские отношения.

- по + 전치격

По окончании доклада В. В. Седов ответил на вопросы присутствовавших на заседании.

5.1.4. 다음에 일어날 행위, 시간의 표현

'~ 전에', '~까지', '~동안', '~무렵에'를 표현하는 러시아어 전치사는 중립체에 해당하는 것으로 'до + 생격', 'перед + 조격', 'за + 대격 + до + 생격', 'под + 대격'이 있으며, 공식체는 'накануне + 생격'이 있다.

5.1.4.1. 중립체

- до + 생격

Я понял, что **до самого утра** больше никого не будет.

- перед + 조격

Одежда, в которой идёшь на экзамен не должна быть новой, в течение сессии нельзя стирать её. Нельзя много смеяться **перед экзаменом**.

- за + 대격 + до + 생격

Утром я проснулся **за пять минут до будильника**.

- под + 대격

На гору они поднялись **под вечер**.

5.1.4.2. 공식체

- накануне + 생격

Накануне свадьбы подруги невесты устроили девичник.
Накануне встречи лидеров европейских стран в город приехали

журналисты.

5.2. 원인을 나타내는 전치사

원인을 나타내는 러시아어 전치사는 '~ 때문에, ~ 덕택에, ~으로, ~의 결과로, ~와 관련하여' 등이 해당하는데, 우선 중립체로 쓰이는 전치사는 'из-за + 생격, благодаря + 여격, от + 생격, по + 여격'이 있으며, 공식체(학술체, 미디어체)에 주로 쓰이는 'в результате + 생격', 'вследствие + 생격', 'в связи + с + 조격'이 있다.

5.2.1. 중립체

- из-за + 생격

Из-за шокового состояния пострадавший не сразу почувствовал второй выстрел.

- благодаря + 여격

Благодаря хорошей погоде собралось значительное число москвичей.

- от + 생격

Я был свободен **от всего** - и **от страха**.

- по + 여격

Так **по ошибке** родился, по ошибке жил - всё по ошибке.

5.2.2. 공식체(학술체, 미디어체)

- в результате + 생격

В результате эксперимента были получены следующие данные.

- вследствие + 생격

Вследствие этого вода по трубке потечёт слева направо.

- в связи + с + 조격

В связи с этим утверждением необходимо отметить следующее.

5.3. 목적을 나타내는 전치사

'~을 위해'에 해당하는 전치사 'для + 생격', 'за + 조격'은 중립체에 해당한다. 이와 같은 뜻을 가지면서 공식체, 학술체, 미디어체에서 많이 쓰이는 표현은 'в целях + 명사', 'с целью + 생격', 'ради + 생격', 'в честь + 생격'이 있다.

먼저 중립체에 해당하는 전치사 'для + 생격'의 질문은 'Для чего?'가 되며, 'за + 조격'의 질문은 'Зачем?'이다. 다음의 예를 보자.

5.3.1. 중립체

- для + 생격

Я в 2022 году ездила в Москву **для обучения**.

- за + 조격

Моя сестра пошла в супермаркет **за продуктами**.

5.3.2. 공식체(학술체, 미디어체)

- в целях + 명사 생격

В целях безопасности беру складной нож и пистолет сорок пятого калибра.

- с целью + 생격

С целью обеспечения справедливости и аргументированности оценок поручать эту работу нескольким особо подготовленным специалистам.

- ради + 명사 생격

Ради дружбы ты жертвуешь самой большой своей любовью.

- в честь + 생격

Она вела гала-концерт **в честь столетия отца**.

5.4. 조건을 나타내는 전치사

조건, 즉 '~할 때, ~ 없이, ~의 경우에' 등을 나타내는 중립체 러시아어 전치사는 'при + 전치격, без + 생격'이 있으며, 공식체(학술체, 미디어체)에는 'в случае + 생격', 'при наличии + 생격', 'при отсутствии + 생격'이 있다.

5.4.1. 중립체

- при + 전치격

При любой возможности его уволят, хотя и язык на уровне, и человек хороший.

- без + 생격

Замечательная музыка, **без неё** фильм был бы уже не тот.

5.4.2. 공식체

- в случае + 생격

В случае необходимости ты можешь ввести оливковое масло в свой крем сама: на чайную ложку добавь 4-6 капель.

- при наличии + 생격

Изменения условий договора вступают в силу **при наличии письменного согласия** обеих сторон.

- при отсутствии + 생격

И отвечал: одиночество (не творческое, не профессиональное, не интеллигентское) наступает **при отсутствии любимого человека**.

5.5. 양보를 나타내는 전치사

'~에도 불구하고'를 나타내는 전치사 중에서 중립체에 해당하는 것은 'несмотря на+ 대격'이 있으며, 공식체(학술체, 미디어체)에 쓰이는 표현은 'вопреки + 여격', 'независимо + 생격', 'при всём(всей, всех) + 전치격'이 있다.

5.5.1. 중립체

- несмотря на + 대격

  Но они любят друг друга, **несмотря на возраст, положение и мнение** окружающих.

5.5.2. 공식체

- вопреки + 여격

  Ельцин в своё время пришёл к власти **вопреки официальной пропаганде**, как народный герой.

- независимо + 생격

  Принимаем к себе всех желающих с 6-ти лет, **независимо от художественных наклонностей**.

- при всём (всей, всех) + 전치격

Тем не менее **при всём жизненном разнообразии** важно помнить о некоторых общих принципах.

5.6. 비교, 대비를 표현하는 전치사

'~와 비교하여', '~에 대비하여'에 해당하는 러시아어 전치사는 중립체에 해당하는 'по сравнению с + 조격', 그리고 공식체(학술체, 미디어체)에 속하는 'при сопоставлении + 생격', 'в отличие от + 생격', 'в противоположность + 여격'이 있다.

5.6.1. 중립체

- по сравнению с + 조격

По сравнению с суетливой Москвой Санкт-Петербург город тихий.

5.6.2. 공식체

- при сопоставлении + 생격

Художественный образ может возникнуть **при сопоставлении двух монтажных кусков**.

- в отличие от + 생격

Это означает, что **в отличие от шампанского** они не содержат углекислоту.

- в противоположность + 여격

В противоположность азиатским слонам живые африканские слоны появились в России лишь во второй половине XIX века.

Ⅱ부

문체론의 실제

Ⅱ부는 중립체, 구어체, 공식체가 실제 상황에서 어떻게 실현되는지에 대해 알아본다. 각 장은 다음의 형식으로 구성을 하였다.

- стилистические синонимы

의미는 같지만 문체에 따라 다양한 형태로 표현되는 어휘나 어구를 제시하였다. 발화의 기능적 스타일에 따라 문체를 분류하면 크게 문어체 (книжный стиль)와 구어체 (разговорный стиль)로 나눌 수 있고, 다시 문어체는 공식체 (официально-деловой стиль), 학술체 (научный стиль), 미디어체 (газетно-публицистический стиль), 예술체 (стиль художественной литературы)로 구분할 수 있다. 또한 러시아 표준어를 구성하는 모든 어휘, 어구, 문법, 문장 구조 등을 언어 스타일에 따라 세 개의 그룹, 즉 중립체 (нейтральный стиль), 문어체, 구어체로 세분할 수 있다. 본서에서는 모든 문체에서 사용이 가능한 중립체 (нейтральный стиль), 가까운 지인이나 동료와의 일상적인 대화, 소통방식에서 주로 사용되는 구어체, 그리고 격식을 차려 공손하게 표현하는 문체를 대변한다고 할 수 있는 공식체 (официально-деловой стиль)로 나누어 제시하고 있다.

- текст

제시된 문체적 동의어가 러시아의 다양한 상황에서 실제로 쓰이는 예를 제시한다. 해당하는 문체적 동의어는 획이 굵은 글씨로 표기하였다. 이 예들을 통해서 같은 의미를 내포하고 있는 중립체, 구어체, 공식체의 유형을 파악할 수 있다.

- слова и выражения

텍스트에 나타난 단어와 표현을 품사별로 나누어 제시하며, 순서는 변화사인 명사, 형용사, 대명사, 수사, 동사, 그리고 불변화사인 부사, 전치사, 접속사, 소사, 감탄사로 한다. 명사는 '**명사 남성 단수형** 뜻 / 복수 / 지소형 / 유의어 / 반의어 / 어구 / 문장', 형용사는 '**장어미 형용사** 뜻 / 단어미 남성, 여성형 / 비교급, 최상급 / 유의어 / 반의어 / 어구 / 문장', 동사는 '**불완료상 동사** 뜻 / 현재 1인칭 단수, 2인칭 단수, 3인칭 복수 / 남성 과거형, 여성 과거형 / 명령형 / 형동사, 부동사 / 유의어 / 반의어 | **완료상 동사** / 현재 1인칭 단수, 2인칭 단수, 3인칭 복수 / 남성 과거형, 여성 과거형 / 명령형 / 형동사, 부동사' 순으로 하되, 처음만 규칙형을 포함하여 전부 표기하고, 이후는 규칙적인 변화형태는 생략한다. 'c'는 'синоним', 즉 유의어를 나타내며, 'a'는 'антоним', 즉 반의어를 말한다. 다른 책과 비교하여 단어와 표현을 좀 더 상세하게 설명한 것은 단어의 원형을 아는 것도 중요하지만 실제로는 원형보다 변화형태가 더 자주 쓰이기 때문이며, 이러한 형태를 자주 접함으로써 실전에 강해질 수 있다고 판단하기 때문이다.

- упражнение

연습문제는 이미 학습한 문체적 동의어를 문제풀이를 통해 다시 확인하고, 문제로 제시된 각각의 문장이 어떤 문체에 해당하는지 인지하도록 한다.

- давайте почитаем

제시된 문체적 동의어가 포함된 대화체, 또는 소설 등과 같은 텍스트의 강독을 통해 문체의 특징을 파악해 본다.

1. 중립체와 구어체

1.1. Формы обращения к незнакомому человеку на улице

'주의 끌기'는 대화 규칙의 하나로 대화를 통해 화자가 의도한 목적을 달성하기 위한 첫 번째 단계로써 소통을 시작하기 전 언어적이든 비언어적이든 주변의 관심을 끌기 위한 수단이다. 달리 말하면 대화 상대방의 주의를 화자에게 집중하게 하는 구체적인 모든 행위를 포함한다.

복잡한 대중교통, 즉 지하철이나 버스에서 내리고 싶을 때 자신의 앞을 가로막고 있는 사람들을 향해 우리는 '죄송합니다', '내립니다', '저기요' 등의 표현을 쓴다. 사람이 북적이는 식당에서 음식을 시키고자 할 때는 어떻게 하는가? '사장님', '여기요' 등을 사용한다. 만일 친분이 있다면, '어머니', '이모' 등의 호칭을 쓰기도 한다. 주의 끌기를 할 때 조심해야 할 단어들도 있는데, '할머니, 할아버지, 아줌마, 아가씨' 등은 청자의 주의를 끌 수는 있지만 불쾌감을 줄 수도 있을 것이다. 새벽시장에서 손수레를 끄시는 분이 사람들 사이를 빠른 속도로 다니면서 '리어카'라고 할 때도 있다. 필자가 시장에서 이와 같은 경험을 처음 했을 때 좀 이상하다고 생각했지만, 손수레를 끄는 분의 관점에서 보면 수많은 인파를 뚫고 빠른 속도로 이동하기 위한 단순하지만 나름 효율적인 주의 끌기 방법이란 생각이 든다.

러시아에서는 어떤 '주의 끌기' 단어가 사용될까? 'девушка (아가씨)', 'молодой человек (젊은이)', 'женщина (아주머니)', 'мужщина (아저씨)', 'бабушка (할머니)', 'дедушка (할아버지)' 등의 호칭과 'Извините', 'Простите', 'Будьте добры' 등이 가장 빈도 높게 사용된다.

다음의 표는 러시아의 거리에서 알지 못하는 사람에게 쓰는 '주의끌기 형식'인데, 화자가 청자의 주의를 끌 목적으로 쓰는 단어들을 중립체, 구어체로 구분하여 나타낸 것이다. 모두 '주의 끌기'에 해당하는 단어들로서 의미는 같지만, 문체적으로 그 결을 달리하고 있는 문체적 동의어 (стилистические синонимы[1])를 나타내고 있다.

---

1) 문체에 따라 사용되며 의미는 같지만 다양한 형태로 다르게 표현되는 어휘나 어구를 의미한다. 언어학적인 용어가 한국어 문장에서 쓰일 때는 한국어로 표기하고 그 이외의 곳에서는 러시아어로 표기한다. 단 처음에 등장하는 경우에는 한국어 표기를 병행한다.

стилистические синонимы

중립체	구어체
Извините, пожалуйста, ... (실례지만, ...) Простите, ... (죄송한데, ...) Скажите, пожалуйста, ... (말씀 좀 ...) Будьте добры[2], ... (실례지만, ...) Пожалуйста, подскажите ... (말씀 좀 ...) Молодой человек, пожалуйста, ... (젊은이) Девушка, извините, ... (아가씨, 미안합니다만 ...)	Парень, ... (청년) Мужчина, ... (아저씨) Женщина, ... (아주머니) Слушай, ты знаешь ... ? (내 말 좀 들어줄래?) Скажи, я правильно иду ...? (말 좀 해줄래?)

표에 나타난 미안한 감정의 표현은 실제로 그러한 마음을 가지고 할 수도 있지만, 근본적인 목적은 상대방이 나에게 주의를 기울이게 하는 것이다. 또한 '청년, 아저씨, 아주머니'도 그 대상을 부르는 호칭의 의미보다는 그 사람의 관심을 요구하는 것이다. 이러한 말들은 대화 혹은 질문을 시작하기 전, 상대방의 관심을 끌어내거나 부르기 위한 공통적인 기능을 가진다. 중립체는 상대방을 존중하는 공손한 표현에 해당이 되고, 구어체는 상대방에 대한 친밀감을 나타낸다.

2) 러시아어 주의 끌기 단어를 직역하여 우리말로 번역하면 어색하게 느껴질 수 있다. 대표적인 예가 'Будьте добры'와 같은 표현이다. 이 표현을 직역하면 '친절해지세요'이다.

ТЕКСТ

1. -**Извините**, Вы не скажете, как мне добраться до ближайшей станции метро?
   -Это совсем близко. Поверните за угол длинного серого здания, и прямо перед вами будет станция метро 〈Академическая〉.

2. - **Парень**, где здесь автобусная остановка?
   - Идите прямо, потом поверните направо.

3. -**Простите**, скажите, пожалуйста, как мне проехать в Измайлово[3]?
   -К сожалению, не могу вам помочь, я сам приезжий. Лучше спросите у другого человека.

4. -**Девушка**, извините, как мне отсюда доехать до станции 〈Лужники〉?
   -Это очень просто. Садитесь на метро и доезжайте до станции 〈Спортивная〉, а там до стадиона десять минут пешком.

5. - **Женщина**, я правильно иду к метро 〈Парк культуры[4]〉?
   - Правильно, станция метро совсем близко.

6. -**Парень**, ты местный? Знаешь, где здесь близко автозаправка?
   -Поезжайте прямо метров двести, там сразу увидите.

---

3) 모스크바에 있는 유명한 러시아 전통 기념품, 미술품, 골동품을 살 수 있는 시장인 'Измайловский рынок'을 의미한다. 모스크바를 방문하는 관광객들이 가장 가고 싶은 곳 중의 하나로 꼽히는 곳이다.

4) 135 헥타르에 이르는 모스크바의 대표적인 휴식공간이자, 대규모 놀이공원이다. 2차세계대전 승전 50주년을 기념하여 1995년 5월 9일(승전기념일)에 개원하였다.

слова и выражения

명사[6](имя существительное)

станция 기차 혹은 지하철역 / с. остановка / железнодорожная ~ 철도역, конечная ~ 종착역 / Не знал и он, что конечная станция достигнута, вот тут последняя остановка

остановка[7] 버스 정류장 / с. стоянка / автобусная остановка 버스 정류장, без остановки 끊임없이, 거침없이 / К остановке как раз подходил автобус

иностранец(иностранка) 외국인 / с. иноземец / а. гражданин

сожаление 유감 / с. огорчение / а. радость / к сожалению 유감스럽게도

автозаправка 주유소 / с. бензоколонка

형용사[8](имя прилагательное)

близкий 가까운 / близок, близка[9] / ближе, ближайший[10] / с.

---

5) 단어는 품사별로 나누며, 순서는 변화사인 명사, 형용사, 대명사, 수사, 동사, 그리고 불변화사인 부사, 전치사, 접속사, 소사, 감탄사로 한다. 품사에 대한 표시는 1장에서만 한다.

6) 명사는 '**명사 남성 단수형** 뜻 / 복수형 / 지소형 / 유의어(с. = синоним) / 반의어(а. = антоним) / 어구 및 표현 / 예'의 순으로 하되, 생략되기도 한다.

7) '버스 정류장'이라는 뜻 이외에 우리나라의 고속도로 휴게소 같은 장소를 지칭하기도 한다.

8) 형용사는 '**장어미 형용사** 뜻 / 단어미 남성, 여성 / 비교급, 최상급 / 유의어 / 반의어'의 순으로 하되 생략이 되기도 한다.

9) 단어미 형태는 남성, 여성형을 기본으로 표기하고, 특이한 경우에만 중성 및 복수형을 표기한다. 장어미 형태에서 어미를 제거하는 경우는 1장에서만 표기하고, 그 이후엔 생략한다.

недалёкий, близлежащий / а. далёкий

длинный 긴 / длинен, длинна / длиннее, длиннейший / с. вытянутый, долгий / а. короткий

동사[11](глагол)

добираться 도달하다, 이르다 / добираюсь, добираешься, добира ются / добирался, добиралась / добирайся, добирайтесь / добирающийся, добиравшийся, добираясь, добиравшись | **добраться** / доберусь, доберёшься, доберутся / доберись, доберитесь / добравшийся, добравшись

поворачивать 방향을 바꾸다 / поворачиваю, поворачиваешь, поворачивают / поворачивал, поворачивала / поворачивай / поворачивающий, поворачивавший, поворачиваемый, поворачивая, поворачивав(ши) | **повернуть** / поверну, повернёшь, повернут / повернул, повернула / поверни / повернувший, повернув(ши), повёрнутый

проезжать 통과하다 / проезжаю, проезжаешь, проезжают / проезжал, проезжала / проезжай / проезжающий, проезжавший, проезжаемый, проезжая, проезжав(ши) |

---

10) 규칙적인 비교급(-ее(-ей), 최상급(-айший, -ейший)은 3과까지 표기하고 그 이후엔 생략한다.

11) 동사는 '**불완료상 동사** 뜻 / 현재 1인칭 단수, 2인칭 단수, 3인칭 복수형 / 과거형 남성, 여성 / 명령형 / 형동사, 부동사 / 유의어 / 반의어 | **완료상 동사** / 현재 1인칭 단수, 2인칭 단수, 3인칭 복수 / 명령형 / 형동사, 부동사' 순으로 하되, 현재형, 과거형이 규칙적인 경우에는 1과에서만 표기하고, 이후는 생략한다. 능동형동사 현재, 능동형동사 과거, 피동형동사 현재 및 부동사는 1장에서만 표기하고 이후엔 특별히 필요한 경우에만 표시한다.

проехать[12)] / проеду, проедешь, проедут / проехал, проехала / проехавший, проехав(ши)

помогать 돕다 / помогаю, помогаешь, помогают / помогал, помогала / помогай / помогающий, помогавший, помогая, помогав(ши) / с. посодействовать / а. помешать | **помочь** / помогу, поможешь, помогут / помог, помогла / помоги / помогший, помогши

доезжать 도착하다 / доезжаю, доезжаешь, доезжают / доезжал, доезжала / доезжай / доезжающий, доезжавший, доезжая, доезжав(ши) | **доехать** / доеду, доедешь, доедут / доехал, доехала / доехавший, доехав(ши)

видеть 보다 / вижу, видишь, видят / видел, видела / видящий, видевший, видимый, виденный, видя, видев(ши) / зреть | **увидеть** / увижу, увидишь, увидят / увидел, увидела / увидь / увидевший, увиденный, увидев(ши)

부사(наречие)

пешком 걸어서

12) 흔히 내려야 할 정류장이나 역을 지나쳤을 때, "Я проехал"이라고 표현한다.

УПРАЖНЕНИЯ

- Выберите подходящий ответ.

1. Скажите, пожалуйста, как пройти к торговому центру?
   (a) На сорок седьмом автобусе.
   (b) До перекрёстка идите прямо, а потом поверните направо.
   (c) Это десять минут пешком.

2. Извините, вы не скажете, где находится ближайшая станция метро?
   (a) Рядом, за углом этого многоэтажного здания.
   (b) К станции метро идёт автобус.
   (c) Рядом со станцией метро остановка троллейбуса.

- Давайте почитаем!

1. - Извините, пожалуйста, вам помочь?
   - Будьте любезны, я заблудился. Мне нужно на станцию 〈Полянка〉. Я сделал пересадку на станции 〈Библиотека имени Ленина〉, но не понимаю, куда я попал.
   - Вы находитесь на 〈Арбатской〉. Если вы едете на 〈Полянку〉, вам нужно сделать пересадку на станцию 〈Боровицкая〉.
   - Спасибо.
   - Не за что.

2. - Девушка, вы сейчас выходите?
   - А какая сейчас станция?
   - 〈Театральная〉.
   - Нет, не выхожу. Мне на следующей.

- Тогда разрешите, я пройду.

3. - Гражданка[13], вы воспользовались чужим проездным билетом. Вам придётся заплатить штраф.
- Извините, вот деньги.
- Получите квитанцию.

4. - Молодой человек! Вы последний[14] в очереди на маршрутку?
- Да. Я последний.

1.2. В общественном транспорте: в автобусе, в метро, в троллейбусе, в трамвае

стилистические синонимы

중립체	구어체
единый проездной билет (정기권)	единый
сделать пересадку[15] (환승하다)	пересесть
ездить без билета (무임승차하다)	ездить "зайцем"('토끼'처럼 다니다)[16]
маршрутное такси[17] (마을버스)	маршрутка[18]
заправочная станция (주유소)	заправка

13) 주의 끌기에 해당하는 단어로, 남자는 'гражданин', 여자는 'гражданка'로 불린다. 공식체에 해당하는 단어이다.

14) 'последний'는 러시아의 줄 문화를 이해하는 데 중요한 단어이다. 줄을 서야 할 경우에 마지막 사람이 누구인지 확인하며 'Кто последний?'라고 묻는다. 마지막 사람이 누구인지 확인한 후에 잠시 다른 일을 보고 오기도 한다.

парковочные места (주차장)	парковка
моечная станция (세차장)	мойка
встречная полоса (중앙선)	встречка
автомобиль (승용차)	тачка[19]
метрополитен / метро (지하철)	подземка
очень много людей (사람이 매우 많은)	как сельдей в бочке
предъявить (제시하다)	показать
пожилой (человек) (나이가 많은)	старый (человек)

15) 일반적으로 동사와 명사로 이루어진 어구는 공식체에서 주로 사용된다. 중립체에서는 명사와 같은 어근을 가진 동사를 주로 사용한다. 몇 가지 예를 들면 다음과 같다.

оказывать помощь - помогать	оказывать поддержку - поддерживать
осуществлять проверку - проверять	осуществлять доставку - доставлять
приносить извинения - извиняться	производить ремонт - ремонтировать
сделать объявление - объявить	совершить поездку - поехать

16) 문체상의 동의어로서 같은 의미를 나타내지만, 본래의 의미가 어떻게 활용되었는지 보여주기 위해 직역을 별도로 표기하였다.

17) 불변명사이며, 중성이다. 불변명사로는 'кофе(남성), пальто(중성)' 등이 있다.

18) 형용사+명사 형태로 이루어진 공식체 어구는 형용사에 접미사 "-к(а)"가 첨가된 명사형으로 변형되어 구어체에서 주로 사용된다. 거리명이나 건물명에서도 이와 같은 변형은 자주 발생한다. 예를 들면, Варшавское шоссе (Варшавка), Рублевское шоссе (Рублёвка), Манежная площадь (Манежка), высотное здание (высотка) 등이 있다.

19) 일종의 자르곤(жаргон)이라 할 수 있다. 자르곤은 직업, 취미, 성향이 같은 폐쇄적이지 않은 집단에 소속된 사람들 간에 사용되는 일종의 은어와 같은 것이다. 자르곤에 관한 보다 자세한 정의와 개념은 다음의 논문을 참조할 수 있다. 김성완. 현대 러시아 젊은 세대의 '슬랭' 연구. 노어노문학 제33권 제4호. 2021.

ТЕКСТ

1. В документе сообщалось, что в 1935 году в Москве был пущен первый поезд **метрополитена**.

2. -Марина, как нам не повезло: наш автобус только что ушёл. Давай поедем на **маршрутке**.

3. - Давай заедем на **мойку**, наша машина такая грязная!

4. По решению городских властей **единый проездной билет** на общественный транспорт для студентов и школьников стоит дешевле, чем для обычных пассажиров.

5. -Олег, посмотри, какая большая очередь на этой **заправке**. Давай поедем на другую.

6. На станции метро 〈Таганская〉 можно **сделать пересадку** на станцию 〈Марксистская〉.

7. -Андрей, почему ты часто ездишь без билета? Ведь **ездить зайцем** стало опасно, штраф теперь 1000 рублей[20].

8. -Илья, ты не знаешь, в этом торговом центре есть подземная **парковка**?

9. -Сергей, вчера я купил себе **тачку**, не новую, конечно.

10. - Автобуса так долго не было! Теперь людей **как сельдей в бочке**.

11. - Девушка, пожалуйста, уступите место **старому человеку**.

---

20) 2022년 4월 환율로 약 15,500원이다.

12. - **Покажите**, пожалуйста, ваш билет.

СЛОВА И ВЫРАЖЕНИЯ

власть 권력, 당국 / власти / с. сила, полномочие, господство / а. безвластие / местные власти 지방 권력

очередь 순서, 차례 / очереди / большая(длинная) очередь 긴 줄, в первую очередь 우선

штраф 벌금 / штрафы / с. взыскание / а. премия

сельдь 청어 / сельди / селёдочка / как сельдей в бочке 빈틈없이 꽉 차서, 입추의 여지 없이

бочка 통 / бочки / бочечка

сообщать 알리다 / сообщай / с. передавать, информировать / а. скрывать, умалчивать | **сообщить** / сообщу, сообщишь, сообщат / сообщи / сообщённый

сообщаться 보도되다 / сообщайся, сообщайтесь | **сообщиться**

пускать 놔 주다, 시동을 걸다[21] / пускай | **пустить** / пущу, пустишь, пустят / пусти / пущенный

везти 운송하다 / везу, везёшь, везут / вёз, везла / вези / с. транспортировать | **повезти** / повезу, повезёшь, повезут / повёз, повезла /

---

21) 본문에서 'пускать/пустить'는 '운행되다'라는 의미로 사용되었다. 이 동사는 접두사에 따라 다양한 의미를 나타낸다. 예를 들어, 'спустить(내려보내다)', 'отпустить(풀어주다)', 'пропустить(통과하게 하다)', 'запустить(작동시키다)' 등이 있다.

повези / повезённый / 행운이다, 운이 트이다 (кому) повезло

грязный 더러운 / грязен, грязна / грязнее / с. запачканный, мусорный / а. чистый / грязные сапоги, грязная улица, грязный поступок

общественный 사회의, 공공의 / общественен, общественна / с. социальный, коллективный, общий / а. индивидуальный, антиобщественный, противообщественный

дешёвый 싼 / дёшев, дёшево, дешева, дёшевы / дешевле, подешевле (가격) / с. недорогой / а. дорогой, недешёвый, ценный

опасный 위험한 / опасен, опасна / опаснее / а. безопасный, неопасный

торговый 상업의, 무역의 / торговый город, торговый договор, торговый дом, торговый порт, торговый центр

УПРАЖНЕНИЯ

- Замените в соответствии с примером.

Пример: неотложка - неотложная помощь

1. парковка
2. мойка
3. маршрутка
4. заправка
5. встречка

- Подберите стилистические синонимы к выделенным словам.

1. На **заправочных станциях** компании 〈BP〉 бензин всегда высокого качества.

2. - Андрей, ты уже купил **единый** на октябрь?

3. Посмотри, этот парень перепрыгнул через турникет. Видно, он хочет проехать в метро **зайцем**.

4. Автобус ходит редко, а **маршрутное такси** часто.

5. Трамвая не было так долго, что теперь пассажиров полный вагон, **как сельдей в бочке**.

6. Вам удобнее всего **сделать пересадку** на Кольцевой линии метро.

7. Нужно уступать место в транспорте **пожилым** людям.

8. **Предъявите** билет!

- Давайте почитаем!

Уважаемые пассажиры!
Оплата проезда по банковским картам и с мобильного приложения будет возможна в первом квартале 2022 года.

УВАЖАЕМЫЕ ПАССАЖИРЫ!
БУДЬТЕ ВЗАИМНО ВЕЖЛИВЫ! УСТУПАЙТЕ МЕСТА ИНВАЛИДАМ, ЛЮДЯМ ПОЖИЛОГО ВОЗРАСТА И ПАССАЖИРАМ С ДЕТЬМИ.

- Давайте почитаем!

Иллария ехала в троллейбусе и смотрела в окно. И, конечно, мысленно ругала себя за то, что не пошла обедать к Мешкову, звал ведь, сам звал... .
Мысли Илларии прервал раздражённый мужской голос:
- Гражданка, я к вам обращаюсь!
Иллария вздрогнула и подняла голову:
- Это вы ко мне?
- А к кому же?
- Вы кто такой, я вас не знаю!
Пассажиры засмеялись, а контролёр покраснел:

- Контроль, предъявите билет!
- А у меня нет билета! В автобусе я ещё брала билет. - Иллария поискала в кармане. - Не знаю, где он. В троллейбусе мне уже было не до билета. Я заплачу штраф! - Она вынула из кармана кошелёк. - Сколько полагается?
- Три рубля.
- Как вы думаете, а сколько я должна заплатить, - совершенно серьёзно спросила Иллария, - чтобы наш троллейбус поехал обратно и свернул на Планетную улицу, по которой вообще-то троллейбусы не ходят?

(По повести Э.Брагинского “Почти смешная история”[22])

---

22) 1977년에 상영된 2부작의 텔레비전 장편 멜로드라마로 50대 중년의 독신남과 40대 중년의 독신녀가 서로 사랑하게 되는 과정을 코믹하고도 서정적으로 그리고 있다.

1.3. В студенческом общежитии

1.3.1. В общежитии

стилистические синонимы

중립체	구어체
университет (대학교)	универ
студенческий билет (학생증)	студак (жарг.)
общежитие (기숙사)	общага
читальный зал (도서관 열람실)	читалка
Российская государственная библиотека[23] (бывшая им. Ленина) (러시아 국립 도서관)	Ленинка
Библиотека иностранной литературы (외국문학 도서관)	Иностранка[24]
Высшая школа экономики (경제 전문대학)	Вышка
объявление (알림, 광고, 게시물)	объява (жарг.)
стипендия (장학금)	стипа, стипуха (жарг.)
зачётная книжка (성적표)	зачётка

23) 러시아국립도서관은 전체 명칭을 이루는 각 단어의 첫글자로 이루어진 약어, 'РГБ'로 표기되기도 한다. 이러한 약어는 공식체에서 주로 사용된다.

24) 반드시 첫글자를 대문자로 표기하여 고유명사처럼 취급해야 한다. 그렇지 않을 경우, 외국인 여자를 의미하는 단어가 된다.

ТЕКСТ

1. Я - студент университета.
   Я учусь в **универе**.

2. При входе в здание университета охранник проверяет у студентов **студенческие билеты**.

3. - Я потерял свой **студак**, теперь его восстанавливать - целая история.
   - Да, на это уйдёт не меньше месяца.

4. Иногородние и иностранные студенты обычно живут в **общежитии**.

5. Мой сосед по **общаге** — студент из Китая.

6. Обычно я занимаюсь в **читальном зале**.

7. Привет! Я звоню тебе из **читалки**.

8. В **Российской государственной библиотеке** есть Музей книги.

9. В **Ленике** занимается много студентов.

10. Я часто бываю в **Библиотеке иностранной литературы**.

11. К сожалению, я не записан в **Иностранку**.

12. **Высшая школа экономики** - один из ведущих вузов России.

13. - Поступить в **Вышку** очень трудно.
    - А ещё труднее там учиться.

14. **Объявление** сообщало о переносе экзамена.

15. - Иван, ты видел **объяву**? Экзамен перенесли.
- Да. видел.

16. Лучшие студенты в российских вузах получают повышенную **стипендию**.

17. - Вчера я получил **стипу** и уже почти всю потратил.
- Молодец!?[25]

слова и выражения

охранник 경비원 / охранники
объявление 공고, 선언 / объявления / с. провозглашение, уведомление, сообщение / а. сокрытие, утаивание

целый 전부의, 완전한 / целее, поцелее / с. весь, полный, единый / а. частичный, неполный
высший (высокий의 비교, 최상급) 고급의, 최고의 / с. верховный, главный, высочайший / а. низший
трудный 어려운 / труден, трудна / труднее, труднейший / с. тяжёлый, сложный / а. лёгкий, простой, нетрудный / трудное задание, трудная работа, трудные условия, трудное положение, трудный характер
проверять 확인하다 / проверяй / с. контролировать | **проверить** /

25) 일반적으로 칭찬을 할 때 쓰는 표현이지만, 강한 긍정이 부정의 의미를 나타낼 수 있듯이 이 문장에서는 질책의 의미를 담고 있다.

проверю, проверишь, проверят / проверь / проверенный

терять 잃다 / теряй / с. лишаться чего, тратить / а. находить, обретать | **потерять** / потерянный

восстанавливать 재건하다 / восстанавливай / с. воссоздавать, возрождать / а. разрушить, портить | **восстановить** / восстановлю, восстановишь, восстановят / восстанови / восстановленный

поступать 들어가다, 입학하다 / поступай / с. достигать (чего-либо), оказываться (где-либо) / а. убывать, уходить | **поступить** / поступлю, поступишь, поступят / поступи

записывать 적어 두다, 녹음하다 / записывай | **записать** / запишу, запишешь, запишут / запиши / записанный

переносить 운반하다, 옮기다 / переношу, переносишь, переносят / переноси | **перенести** / перенесу, перенесёшь, перенесут / перенёс, перенесла / перенеси / перенёсший, перенесённый

повышать 높이다, 올리다 / повышай / с. увеличивать, поднимать / а. опускать, понижать, снижать, сокращать, уменьшать | **повысить** / повышу, повысишь, повысят / повысь / повышенный

тратить 소비하다 / трачу, тратишь, тратят / трать / траченный / с. расходовать / а. накапливать, беречь | **потратить** / потраченный

водить(부정태) 인도하다 / вожу, водишь, водят / води | **вести**(정태) / веду, ведёшь, ведут / вёл, вела / веди / ведущий, ведший, ведомый, ведённый, ведя, ведши

при чём ~에 즈음하여, ~할 때, ~의 시대에, при входе 입장할 때, при переходе через улицу 거리를 건널 때, при аплодисментах 박수를 받으며, при смерти 죽음에 즈음해서, при Петре Великом 뾰뜨르 대제의 치세에

к сожалению 유감스럽게도

вуз (высшее учебное заведение) 고등전문학교, 대학

약어(Аббревиатура)[26]는 주로 신문, 잡지, 방송 등에서 공식체로 주로 쓰이며, 축약어(сокращения слов)[27]는 구어체로 쓰이는 경우가 많다.

자주 쓰이는 약어의 예는 다음과 같다.

МГУ: Московский государственный университет
МГИМО: Московский государственный институт международных отношений
МИФИ: Московский инженерно-физический институт
МПГУ: Московский педагогический государственный университет
ГИРЯП: Государственный институт русского языка им. А.С. Пушкина
РГГУ: Российский государственный гуманитарный университет

26) 약어는 전체 명칭의 첫 자를 따서 만든 형태의 줄임말이다. 이러한 줄임말은 공식체에서 자주 사용된다.

27) 축약어는 말 그대로 긴 어휘를 줄여서 표현한 것이다. 이러한 줄임말은 구어체에서 주로 사용되며 전체 명칭은 공식체와 중립체에서 주로 사용된다.

РУДН: Российский университет дружбы народов
РЭУ: Российский экономический университет им. Г.В. Плеханова
СПбГУ: Санкт-Петербургский государственный университет

빈도수가 높은 축약어의 예도 보자.

био - биологический: биофак[28]. биосфера
гос - государственный: госуниверситет, госэкзамен
зав - заведующий: завкафедрой, завбиблиотекой
ист - исторический: истфак
мат - математический: матфак
мех - механический: мехмат
пед - педагогический: педуниверситет, педпрактика
спец - специальный: спецкурс, спецсеминар
студ - студенческий: студсовет, студгородок
тех - технический: техуниверситет, техсмотр
фак - факультет: истфак, филфак, юрфак
физ - физический: физфак, физлаборатория
фил - филологический: филфак
хим - химический: химфак, химлаборатория
юр - юридический: юрфак, юротдел

---

28) 학생 집단에서 사용되는 학과 명칭은 대부분 축약된 형태가 주로 쓰인다. 학생이라는 특정 집단의 어휘라는 측면에서 간혹 슬랭으로 분류되기도 하는데, 폐쇄성이 없는 집단의 슬랭은 표준어로 등재되는 경우가 많다. 이와 같은 축약어 역시 일상 소통에서 흔하게 쓰이는 표준어라고 할 수 있다. 참조. Рубцова Е.А. Лингвокультурологический анализ молодёжного сленга начала XIX века. дисс. канд. наук. 2009.

УПРАЖНЕНИЯ

- Выберите стилистические синонимы. Используйте примеры.

примеры:
студак, Иностранка, универ, читалка, объява, общага, зачётка

① общежитие
② объявление
③ университет
④ читальный зал
⑤ зачётная книжка
⑥ студенческий билет
⑦ Библиотека иностранной литературы

- Выберите вариант, соответствующий стилю, и употребите его в правильной форме.

1. Поступив в университет, каждый студент получает ....
① студенческий билет ② студак

2. - Катя, куда ты бежишь? Ведь сейчас начнётся экзамен!
- Я забыла ...... в общаге, пришлось вернуться.
① зачётная книжка ② зачётка

3. Рядом с деканатом повесили ...... , сообщающее о том, что констультация по истории перенесена на вторник.
① объявление ② объява

4. - Серёж, где ты обычно готовишься в экзаменам: в общаге или в ....

① читальный зал ② читалка

5. - Я хочу уйти из общежития и снимать комнату или недорогую квартиру.

- Ну и зря[29]! В ...... веселее, дешевле и близко к универу.

① общежитие ② общага

6. В ...... хранится уникальная литература на иностранных языках.

① Библиотека иностранной литературы

② Иностранка

7. Хотя Библиотеку имени Ленина переименовали, станция метро, на которой она находится, сохранила прежнее название, поэтому многие москвичи по-старинке называют библиотеку ....

① Российская государственная библиотека

② Ленинка

8. Сегодня мне что-то не везёт: проспал, забыл студак и ...... , да ещё не сдал зачёт.

① зачётная книжка ② зачётка

9. Первый в России ...... носит имя великого русского учёного М.В. Ломоносова.

① университет ② универ

---

29) 일상 회화에서 자주 쓰이는 관용어구로서, 벌어진 상황에 대해 부정적인 입장을 표현한다. 위 문장에서는 기숙사에서 나가는 것이 결코 좋은 일이 아니라는 화자의 생각을 표현하고 있다.

1.3.2. О способностях человека

стилистические синонимы

중립체	구어체
очень умный (매우 똑똑한, 영리한)	семи пядей во лбу (фраз.)
способный, легко учится (재능있는, 학습 능력이 뛰어난)	ловит (схватывает) на лету (фраз.)
талантливый, становящийся известным в профессии (человек) (특정 분야에서 두각을 나타내는)	восходящая звезда (фраз.)
превосходит других по способностям (모두를 능가하는)	на голову выше (всех, других) (фраз.)
хороший специалист в чём-либо (특정 분야의 최고 전문가)	собаку съел на/в чём (фраз.)
средний по способностям, обычный (능력이 뛰어나지 못한, 평범한)	звёзд с неба не хватает (фраз.)

ТЕКСТ

1. Это **очень умный** студент.

2. Этот студент **семи пядей во лбу**.

3. Анна - **способная** девушка, она легко учится.

4. Анна всё **схватывает на лету**.

5. Этот аспирант удивительно **талантливый человек**, благодаря своим статьям он уже известен в научных кругах.

6. - Похоже, эта китайская пианистка - **восходящая звезда**.
   - Да, она известная.

7. Сергей Павлов **превосходит по способностям** всех студентов в группе.

8. Серёжа Павлов **на голову выше всех** в группе.[30)]

9. Сергей Соколов - **лучший**[31)] **специалист** по программированию в группе.

10. - Ты разбираешься в компьютерах?
    - Да, я в компьютерах **собаку съел**!

11. Студент Филатов - **средний по способностям**, учится удовлетворительно.

12. Студент Филотов **звёзд с неба не хватает**, учится на тройки.

слова и выражения

программирование 계획을 짜는 것, 프로그램 짜기

умный 똑똑한 / умён, умна / умнее, поумнее / с. разумный, мудрый

---

30) Серёжа는 Сергей의 애칭이다. 일반적으로 애칭과 성을 함께 쓰지는 않는다. 일반적인 규칙으로부터 좀 더 자유로운 구어체에서는 가능하다. 러시아어 이름과 성, 애칭에 관하여는 다음을 참조할 수 있다. 표상용. 러시아어 사람 이름에 대한 연구. 슬라브학보 제17권 2호. 2002. pp. 109-142.

31) 'хороший(좋은)'의 비교급이자 최상급 형태이다.

/ a. глупый, тупой

способный 유능한, 능력 있는 / способен, способна / способнее / с. одарённый, талантливый, могущий / а. бездарный / Он способен сделать это. Он способен на многое

талантливый 재능 있는 / с. одарённый, даровитый / а. бездарный

восходящий[32] 떠오르는, 상승하는 / восходящее солнце, восходящая звезда, восходящий поток ветра

схватывать 붙잡다 / схватывай | **схватить** / схвачу, схватишь, схватят / схвати / схваченный

превосходить[33] 능가하다, 뛰어나다 / превосхожу, превосходишь, превосходят / превосходи / с. превышать / а. уступать | **превзойти** / превзойду, превзойдёшь, превзойдут / превзошёл, превзошла / превзойди / превзойдённый

разбирать 분해하다 / разбирай / с. разнимать, разъединять, расхватывать / а. собирать, соединять | **разобрать** / разберу, разберёшь, разберут / разбери / разобранный

удовлетворять 만족시키다 / удовлетворяй | **удовлетворить** / удовлетворю, удовлетворишь, удовлетворят / удовлетвори / удовлетворённый

хватать 붙잡다 / хватай / с. заграбастывать / а. бросать, отбрасывать | **хватить** безл. кого-чего оказаться достаточным / хватит / хватило / Хватит ли нам на ужин, отец?

---

32) 'восходить' 동사의 능동형동사 현재형이면서, 형용사이기도 하다.

33) 일상 회화에서 극찬을 표현할 때 자주 쓰이는 'превосходно!'가 있다.

бояться (кого-чего) 무서워하다, 걱정하다, 염려하다 / боюсь, боишься, боятся / боялся, боялась / бойся, бойтесь / с. пугаться, страшиться, опасаться, беспокоиться / а. геройствовать, отваживаться

удивительно 놀랍게 / с. необычайно, поразительно, страшно / а. обыденно, неудивительно

действительно 실제로, 확실히 / с. вправду, правда, в самом деле, поистине / а. вряд ли, неправда

благодаря (чему)[34] 덕분에 / с. из, от, по причине, вследствие, в результате, при помощи / а. вопреки (дат. п.), несмотря на (вин. п.), против (род. п.) / Только благодаря вашей поддержке я смог выиграть выборы.

---

34) 긍정적인 이유를 나타낼 때 쓰인다. 반면에 부정적인 이유를 나타낼 때는 'из-за чего'를 쓴다. 다음의 두 예를 보자. Благодаря хорошей погоде мы гуляли в парке. Из-за плохой погоды мы не могли гулять в парке.

V УПРАЖНЕНИЯ

- Выберите стилистические синонимы. Используйте примеры.

примеры:
очень умный человек
способный, легко учится
средний по способностям
хорошо разбирается в чём-либо
талантливый, становящийся известным/

① собаку съел
② ловит на лету
③ восходящая звезда
④ на голову выше всех
⑤ звёзд с неба не хватает

1.4. Студенческий быт

1.4.1. На занятии, на экзамене

стилистические синонимы

중립체	구어체
Вот в чём проблема! (바로 그것이 문제다!)	Вот где собака зарыта! (фраз.)
очень быстро (решить) (매우 빠르게 (문제를) 풀다)	в два счёта (Фраз.)
очень кратко (рассказать) (매우 간단하게 (말하다)	в двух словах (Фраз.)
забыть (잊어버리다)	вылетело из головы (Фраз.)
желать удачи[35] (시험 잘 치르길!)	Ни пуха ни пера! (Фраз.)
оценка (성적): “отлично” (매우 잘함) “хорошо” (잘함) “удовлетворительно” (보통) “неудовлетворительно” (미달)	пятёрка четвёрка тройка двойка, неуд, пара
не сдать экзамен (시험에 불합격하다)	провалиться на экзамене
ничего (нет причины для огорчения) (별일 아니야)	ерунда, пустяки
Конечно, да. (물론이다)	О чём разговор?
Конечно, да. (당연하다)	Что за вопрос?!

35) 시험을 잘 치르기를 기원하는 의미 이외에 중요한 일이 성공하길 바랄 때 쓰는 대표적인 표현이다.

ТЕКСТ

1. Перевод научного текста - сложное дело. Нужно знать научные термины. **Вот в чём проблема**.

2. - Почему в моём переводе ошибки?
   - Ты забыл грамматику. **Вот где собака зарыта**!

3. Иван решит эту задачу **очень быстро**.

4. Ваня решит эту задачу **в два счёта**.

5. Расскажи, о чём этот фильм, только постарайся рассказать **очень кратко**.

6. - Перескажи этот текст в двух словах.
   - **В двух словах** пересказать не получится.

7. Я совсем **забыл**, что завтра будет консультация.

8. - Ты помнишь, что завтра консультация?
   - У меня это совсем **вылетело из головы**!

9. - **Желаю** тебе **удачи** на экзамене.
   - Спасибо.

10. - Спешишь на экзамен? **Ни пуха тебе ни пера**[36]**!**
    - **К чёрту.**

---

36) 본 표현은 사냥꾼들이 성공적인 사냥을 기원하는 표현에서 유래한 것이다. 즉, 솜털(пух)과 깃털(перо)이 아니라 몸통을 정확히 맞히라는 의미이다. 일반적으로 이런 기원을 들은 청자는 'к чёрту'라고 답한다.

11. **Если студент не сдал экзамен** повторно, его могут отчислить из университета.

12. - Если я опять **провалюсь на экзамене**, меня могут выгнать из универа.
 - Не бойся. Ты всё сдашь.

13. - На подготовку к экзамену осталось только три дня.
 - **Ничего**, мы успеем подготовиться.

14. - До экзамена всего три дня.
 - **Ерунда**! Всё успеем и за три дня.

15. - Можно я возьму твой конспект?
 - **Конечно**, бери.

16. - Можно взять твой словарь?
 - **О чём разговор**? Бери.

17. - Ты уже написал реферат по экономике?
 - **Конечно**, написал.

18. - Ты написал реферат?
 - **Что за вопрос**? Давно написал.

слова и выражения

термин 용어 / термины / определение, понятие

ошибка 실수 / ошибки / с. погрешность / Он не делал ни одной ошибки в письме.

задача 과제 / задачи / с. цель, упражнение, проблема
счёт 계산, 총계 / счета / вычисление, исчисление, чек / устный счёт
консультация 조언, 심의 / консультации
удача 성공 / удачи / с. успех, везение / а. провал. поражение, неудача / Это была большая удача наших спортсменов.
чёрт 악마 / черти / чертёнок, чёртик, чёртушка / с. дьявол, демон, нечистый / а. ангел, бог
ерунда 시시한 것, 하찮은 것 / с. вздор, чепуха, бессмыслица, мелочи, пустяки
переводить (с чего на что) 번역하다 / перевожу, переводишь, переводят / переводи | **перевести** / переведу, переведёшь, переведут / перевёл, перевела / переведи / переведённый

решать 결정하다 / решай / с. определять / Они решают задачи. | **решить** / решу, решишь, решат / реши / решённый

рассказывать (кому о ком-чём) 말하다 / рассказывай / с. повествовать, излагать / а. умалчивать, утаивать, недоговаривать | **рассказать** / расскажу, расскажешь, расскажут / расскажи / рассказанный

стараться 노력하다 / старайся, старайтесь | **постараться**

пересказывать 자기의 말로 서술하다 / пересказывай | **пересказать** / перескажу, перескажешь, перескажут / перескажи / пересказанный

получаться 얻어지다, 판명되다 / получайся, получайтесь / с. складываться, производиться, оказываться | **получиться** / получусь, получишься, получатся / получись, получитесь

забывать 잊다 / забывай / а. воспоминать, помнить | **забыть** / забуду, забудешь, забудут / забыл, забыла / забудь / забытый

вылетать 날아가다 / вылетай | **вылететь** / вылечу, вылетишь, вылетят / вылети

повторять 반복하다 / повторяй | **повторить** / повторю, повторишь, повторят / повтори / повторённый

отчислять 제적하다, 공제하다, 분배하다 / отчисляй | **отчислить** / отчислю, отчислишь, отчислят / отчисли / отчисленный

проваливаться 떨어지다, 탈락하다 / проваливайся, проваливайтесь | **провалиться** / провалюсь, провалишься, проваллятся / провались, провалитесь

выгонять 추방하다 / выгоняй / с. прогонять, изгонять, исключать | **выгнать** / выгоню, выгонишь, выгонят / выгони / выгнанный

подготавливаться 필요한 준비를 하다 / подготавливайся, подготавливайтесь | **подготовиться** / подготовлюсь, подготовишься, подготовятся / подготовься, подготовьтесь

успевать 성공하다 / успевай / с. поспевать / а. запаздывать, опаздывать | **успеть** / успею, успеешь, успеют / успей

писать 쓰다 / пишу, пишешь, пишут / пиши / писанный, пиша / с. выводить / а. стирать | **написать** / напишу, напишешь, напишут / напиши / написанный

сложный 복잡한 / сложен, сложна / с. составной, комплексный, трудный, непростой / а. простой, лёгкий / сложные вещества, сложная система коммуникаций, сложная операция. Ты задал сложный вопрос.

краткий 짧은 / краток, кратка / кратче / с. непродолжительный, недоллгий, короткий / а. длительный, долгий, большой, длинный, протяжённый / краткий отпуск, краткое содержание

повторно 반복적으로 / с. вторично, снова, опять

УПРАЖНЕНИЯ

- Выберите стилистические синонимы. Используйте примеры.

примеры:
желаю удачи; очень быстро; вот в чём проблема!; забыть; очень кратко; не сдать экзамен; оценка "отлично"; оценка "хорошо"; оценка "неудовлетворительно"

① двойка
② пятёрка
③ четвёрка
④ в два счёта
⑤ в двух словах
⑥ Ни пуха ни пера!
⑦ вылетело из головы
⑧ Вот где собака зарыта!
⑨ провалиться на экзамене

- Выберите подходящие по значению фразеологизмы. Используйте слова для справок.

Для справок
вылетело из головы Вот где собака зарыта! в двух словах в два счёта Ни пуха ни пера!

1. - Катя! помоги, пожалуйста. Я уже целый час не могу решить задачу!
   - Не волнуйся. Мы сейчас её решим ....

2. - Денис, расскажи ...... , как было на экзамене по экономике.

3. - Теперь я понял, почему не могу решить задачу: я забыл формулу. ..... .

4. - Сергей, ты пойдёшь завтра на консультацию по менеджменту?
   - Хорошо, что ты напомнил. У меня это совершенно ....

5. - Наташа, куда спешишь?
   - На экзамен.
   - ......
   - К чёрту.

- Выберите стилистические синонимы выделенных слов. Используйте слова для справок.

Для справок
зачётная книжка университет не сдать экзамен оценка “отлично” читальный зал конечно, да общежитие

1. - Мне не повездо, я **провалился** на экзамене по истории.

- Не огорчайся, ты его обязательно пересдашь. Я уверен.

2. Это профессор очень строгий. Получить у него на экзамене **пятёрку** трудно.

3. - Это лучший студент на нашем курсе, у него в **зачётке** одни **пятёрки**.

4. - Где ты обычно занимаешься, когда готовишься к экзамене?
   - В **читалке**. Там очень удобно: много книг и очень тихо.

5. - Саша, куда это ты бежишь?
   - В **общагу**. Я забыл **зачётку** дома, а у нас сейчас экзамен.

6. - Ты знаешь, что в **универе** каждый год отмечают праздник студентов - Татьянин день[37)]?
   - Впервые об этом слышу, ведь я же первокурсник.

7. - Стас, можно я возьму твои конспекты по экономике?
   - **Что за вопрос?!** Бери, они на столе.

- **Выберите вариант, соответствующий стилю, и употребите его в правильной форме.**

1. - Саша, кажется, я плохо подготовился к экзамену и могу ......
   ① не сдать экзамен ② провалиться

---

37) 러시아 정교 달력에 따라 기독교 순교자, 따찌야나를 기념하는 것에서 유래했다. 엘리자베따 뻬뜨로브나(Елизавта Петровна)가 서명한 1755년 모스크바 대학 설립 칙령 이후, 따찌야나의 날은 대학 설립일로 지정되었고, 이후, 러시아 학생들을 위한 휴일로 기념되기 시작했다. 2005년부터 러시아에서는 1월 25일을 공식적으로 '학생의 날'로 기념하고 있다.

2. - У меня в зачётке одни ...... , но я не унываю. Ведь ...... - тоже оценка.
① оценка “удовлетворительно” ② тройка

3. - Оля! Ты чего так радуешься, просто вся сияешь?
- Сдала последний экзамен и получила ....
① оценка “отлично” ② пятёрка

4. - Почему Олег такой грустный?
- Получил ...... по физике.
① “неудовлетворительно” ② неуд.

1.4.2. Аренда жилья

стилистические синонимы

중립체	구어체
многоэтажный дом(고층아파트)	многоэтажка
пятиэтажный дом(5층 아파트)	пятиэтажка
однокомнатная квартира(원룸)	однушка
двухкомнатная квартира(투룸)	двушка

ТЕКСТ

1. Объявление: Уважаемые жильцы! Администрация общежития просит вас **соблюдать тишину**.

2. **Не шумите**, пожалуйста, в общежитии после двенадцати.

3. **Места общего пользования** в студенческом общежитии убирает уборщица.

4. **В кухне, ванной и туалете** общежития должно быть чисто.

5. Администрация общежития просит жильцов **поддерживать чистоту и порядок**.

6. **Убирайся** в своей комнате почаще: у тебя страшный беспорядок.

7. **Запрещено**[38] **курить в помещении**.

8. Здесь **нельзя** курить.

9. **Посторонним лицам** запрещено находиться в общежитии после двадцати четырёх часов.

10. **Посторонним** нельзя находиться в общежитии после полуночи.

11. **В соответствии с правилами** запрещено держать в общежитии домашних животных.

12. **По правилам** нельзя держать в общежитии кошек и собак.

---

38) 주로 문어체에서 사용되는 형동사 단어미형 만드는 방법에 대해서는 다음 책을 참고하세요. 박진근. 영어도 함께 공부하는 최신 러시아어 문법. 2001. 317-319쪽.

13. Всем жильцам общежития **следует** в течение трёх дней **обратиться** в администрацию для перерегистрации.

14. Андрей, тебе **нужно зайти** в администрацию общежития. Тебе звонили.

15. Фирма предлагает приезжим **арендовать** квартиры и комнаты в Москве.

16. - Саша, ты живёшь в общежитии?
- Нет, я **снимаю** квартиру.

17. По закону собственник жилья, который **сдаёт в аренду** свою квартиру, обязан платить налог государству.

18. В нашем доме многие жильцы **сдают квартиры** студентам.

19. Рядом со станцией метро построили новый **многоэтажный дом**.

20. Квартиры в новых **многоэтажках** быстро продаются.

21. Правительство Москвы запланировало снести старые панельные **пятиэтажные дома**.

22. Брат купил квартиру в **пятиэтажке** на окраине города.

23. На рынке недвижимости **однокомнатные квартиры** пользуются высоким спросом.

24. - Сергей, ты живёшь в общаге?
- Нет, я снимаю **однушку** в пятиэтажке.

25. Продаётся **двухкомнатная квартира** в новом доме на Юго-

Западе столицы.

26. Мы с другом решили снять **двушку** в доме недалеко от университета.

СЛОВА И ВЫРАЖЕНИЯ

жилец 주민, 세입자 / жильцы / с. житель, обитатель, квартирант
администрация 관리소, 행정(기관) / администрации
уборщица 미화원 / уборщицы / с. техничка, техслужащая, поломойка
порядок 정리정돈 / порядки / с. устроенность, упорядоченность, очередь / а. беспорядок, хаос
полуночь (= полночь) 자정 / а. полдень
перерегистрация 재등록 / перерегистрации
окраина 외곽 / окраины / с. край, периферия / а. центр
недвижимость 부동산 / недвижимости / с. недвига (жарг. недвижимое имущество) / а. движимое имущество
спрос 수요

уважаемый 존경하는 / с. почитаемый, почтенный / а. презренный, неуважаемый
посторонний 외부의, 부차적인, (명) 타인 / посторонен, посторонне, посторення, посторонни / с. чужой /
обязанный 의무 있는 / обязан, обязана / с. вынужденный

уважать 존경하다 / уважай / уважаемый / с. почитать / а. презирать, ненавидеть | **уважить**

просить (кого-чего; о ком-чём) 요청하다 / прощу, просишь, просят /

просил / прошенный | **попросить** / попрошенный

соблюдать 준수하다 / соблюдай / с. выполнять / а. нарушать | **соблюсти** / соблюду, соблюдёшь, соблюдут / соблюл, соблюла / соблюди / соблюдённый

шуметь 소음을 내다 / шумлю, шумишь, шумят / шуми | **прошуметь**

убирать 치우다 / с. удалять, изымать, наводить порядок / а. добавлять, мусорить | **убрать** / уберу, уберёшь, уберут / убери / убранный

запрещать 금지하다 / с. воспрещать, препятствовать / а. позволять, разрешать | **запретить** / запрещу, запретишь, запретят / запрети / запрещённый

держать 소유하다 / держу, держишь, держат / держи / держанный

заходить 들르다 / захожу, заходишь, заходят / заходи / с. посещать, забираться / а. уходить, выходить | **зайти** / зайду, зайдёшь, зайдут / зашёл, зашла / зайди

арендовать (сов. несов.) 임차하다, 빌리다 / арендую, арендуешь, арендуют(наст. будущ.) / арендуй / арендованный / с. брать в аренду, нанимать(нанять), снимать(снять)

снимать 떼어내다, 임차하다 / снимай / с. убирать, раздеваться, арендовать, нанимать / а. вешать, ставить, надевать / Однажды я снимал комнату в одной адвокатской семье. | **снять** / сниму, снимешь, снимут / сними / снятый

сдавать 인도하다, 빌려주다, 시험을 치다 / сдаю, сдаёшь, сдают

/ сдавал, сдавала / сдавай | **сдать** 시험에 합격하다 / сдам, сдашь, сдадут / сдай / сданный

платить 지불하다 / плачу, платишь, платят / плати / плаченный / с. уплачивать, отплачивать | **заплатить** / заплаченный

продавать 팔다 / продаю, продаёшь, продают / продавал / продавай / с. сбывать, торговать / а. покупать | **продать** / продам, продашь, продадут / продай / проданный

планировать 설계하다, 계획을 세우다 / планирую, планируешь, планируют / планируй / с. проектировать, замышлять, собираться, намереваться | **спланировать**[39] / **спланированный**

сносить 내려 놓다, 가지고 가다 / сношу, сносишь, сносят / сноси / сношенный | **снести** / снесу, снесёшь, снесут / снёс, снесла / снеси / снесённый

пользоваться[40] (чем) 이용하다 / пользуюсь, пользуешься, пользуются / пользуйся, пользуйтесь | воспользоваться

в соответствии с чем; ~에 따라

в течение чего; ~ 동안에, ~ 사이에 / в течение мая 5월 중에; в течение года 1년 동안; в течение долгого времени 오랫동안; в течение всей жизни 일생동안

---

39) 다른 완료상으로 'запланировать'도 있다.

40) 같은 의미로 동사 'использоваться (чем)'는 완료상과 불완료상이 같은 형태이다.

V УПРАЖНЕНИЯ

- **Выберите вариант, соответствующий стилю, и употребите его в правильной форме.**

1. Уважаемые жильцы общежития! Просим вас .... после 23 часов.
   ① соблюдать тишину ② не шуметь

2. Катя! Ты напрасно купила электроплитку. Ведь в общаге .... использовать свою электроплитку.
   ① запрещено ② нельзя

3. В случае проблем жильцу .... обратиться к администратору общежития.
   ① следует ② нужно

4. Сергей, какой у тебя беспорядок! Почему ты не .... в своей комнате?
   ① поддерживать чистоту и порядок
   ② убирать

5. В соответствии с правилами, ... запрещено находиться в общежитии после 24 часов.
   ① посторонние ② посторонние лица

6. Объявление: В читальном зале курить .... Для курения есть особые комнаты.
   ① запрещено ② нельзя

7. Администрация просит жильцов ...... в комнатах.

① убираться

② поддерживать чистоту и порядок

8. .... запрещено держать в общежитии домашних животных.

① в соответствии с правилами

② по правилам

9. - Маша, куда ты несёшь котёнка? Разве ты не знаешь, что .... нельзя держать в общежитии кошек и собак?!

- А вдруг разрешат? Он такой маленький и симпатичный.

① в соответствии с правилами

② по правилам

- Давайте почитаем!

ОБЪЯВЛЕНИЕ

СДАЕТСЯ В АРЕНДУ.

ДВУХКОМНАТНАЯ КВАРТИРА С МЕБЕЛЬЮ.

6-Й ЭТАЖ ДЕВЯТИЭТАЖНОГО ДОМА.

ЗЕЛЕНЫЙ РАЙОН. ТИХОЕ МЕСТО,

РЯДОМ УНИВЕРСАМ.

15 МИНУТ ХОДЬБЫ ДО СТАНЦИИ МЕТРО "ПРОФСОЮЗНАЯ"

Звонить после 19 : 00

Тел.: +7-499-245-77-34

ОБЪЯВЛЕНИЕ
СДАЕТСЯ В АРЕНДУ.

ДВУХКОМНАТНАЯ КВАРТИРА С МЕБЕЛЬЮ.
6-Й ЭТАЖ ДЕВЯТИЭТАЖНОГО ДОМА.
ЗЕЛЕНЫЙ РАЙОН. ТИХОЕ МЕСТО,
РЯДОМ УНИВЕРСАМ.
15 МИНУТ ХОДЬБЫ ДО СТАНЦИИ МЕТРО
"ПРОФСОЮЗНАЯ"

Звонить после 19 : 00
Тел.: +7-499-245-77-34

- Давайте почитаем!

Жизнь в общежитии сложна, но по-своему интересна. В общаге я поняла, как трудно порой принять чужие привычки, терпеть особенности характера соседей. Но именно соседи по комнате зачастую потом становятся самыми лучшими друзьями. Общежитие - это своеобразная школа жизни, которую каждому было бы полезно пройти. Причём чем “домашнее” и застенчивее был человек до университета, тем важнее ему пожить в общежитии. Он научится разговаривать, приспосабливаться к трудным жизненным обстоятельствам, научится находить выход из конфликтных ситуаций в конце концов.

1.5. В столовой, в ресторане, в кафе

стилистические синонимы

중립체	구어체
столовая[41] (식당)	столовка
маленькое кафе (작은 카페)	кафешка
минеральная вода (생수)	минералка
немного поесть (조금/가볍게 먹다)	перекусить[42]
очень быстро (매우 빠르게)	на скорую руку
любитель много поесть (대식가)	обжора[43]
любитель сладкого (단 것을 좋아하는 사람)	сладкоежка
знаток и любитель еды (미식가)	гурман
есть / съесть (먹다)	уплетать /уплести
кушать / скушать (먹다)	уминать / умять[44] лопать / слопать жрать / сожрать

41) 형용사가 명사로 쓰이는 '품사변환' (процесс субстантивации)이 일어난 결과이다. 공식체에서 쓰이는 '형용사 + 명사' 조합의 어구, 'столовое помещение'의 중립체 형태라고 할 수 있다. 공식체에 속하는 '형용사/형동사 + 명사' 조합의 어구에서 파생되어 품사변환됨으로써 명사로 취급되는 형용사나 형동사는 주로 중립체에 속한다.

42) 배고픔을 달래기 위해 간단하게 먹는 행위를 의미한다. 이와 같은 의미로 구어체에서 자주 쓰이는 관용구로 'заморить червячка'가 있다. 이 관용어구는 19세기 러시아 선원들이 이탈리아에서 즐겨 먹었던 '스파게티-마리나라(спагетти-моринара)'를 지렁이처럼 생긴 국수 (какая-то лапша вроде червяков)에 빗대어 설명한 것에서 유래했다고 한다.

ТЕКСТ

1. В студенческой **столовой** можно недорого пообедать.

2. - Ребята, вы куда спешите?
   - В **столовку**, пора обедать.

3. Рядом со станцией метро открылось новое **маленькое кафе**.

4. - Давай зайдём в эту симпатичную **кафешку** и быстро поедим.
   - Давай.

5. Кавказские **минеральные воды**[45] известны своими целебными свойствами.

6. Такая жара! Давай закажем **минералку**.

7. Можно **немного поесть** в этом кафе.

8. - Саша, давай **перекусим** в этом кафе.
   - Окей.

---

43) 'обжора'는 어떤 음식이든 많이 먹는 사람인 반면, 젊은 세대를 중심으로 자주 쓰이는 단어로 'фуди'가 있다. 이 단어는 영어, 'food'에서 차용된 어휘로 먹는 것을 좋아할 뿐만 아니라 요리하는 것도 좋아하며, 먹는 것과 관련하여 모든 면에서 진지한 사람들을 통칭하는 말이기도 하다. 김성완. 현대 러시아 젊은 세대의 '슬랭' 연구. 노어노문학 제33권 제4호. 2021. pp. 3-30.

44) 여기 제시된 3개의 동사는 공통적으로 많이 먹는다는 의미를 내포하고 있다. 한국어로 번역할 때, '게걸스럽게 먹다'. 또는 '처먹다' 등의 비하하는 어조의 추가도 가능한 어휘들이다. 한편, 많이 먹어서 더 이상 먹을 수 없을 정도로 배가 부른 경우 쓰이는 관용어로 '음식이 목까지 차 있다'는 의미의 'сыт по горло'가 있다.

45) 'вода'는 물질명사로써 일반적으로 복수형을 쓰지 않지만, 물의 종류를 나타낼 때는 복수형을 쓴다.

9. Нужно поесть **очень быстро** до начала лекции.

10. - Аня! Времени у нас совсем мало, давай перекусим **на скорую руку** в пирожковой.

11. Мой папа - **любитель много поесть**.

12. - Илья, какой ты **обжора**: ты один съел две пиццы.

13. - Сергей **большой любитель сладкого**.
 - Поэтому он весит больше 100 кг.

14. - Оля, кроме кофе я возьму и пирожные.
 - Конечно, ведь ты **сладкоежка**!

15. - Кому доверим выбирать блюда?
 - Конечно, Игорю. Он **знаток еды**.

16. - Олег всегда берёт самые дорогие блюда.
 - Он у нас **гурман**! Разбирается в еде.

17. Ты **съел** все пельмени.

18. Он с аппетитом **уплетает всё**, что дают.

19. - **Кушайте**, гости дорогие, угощайтесь.

20. Ты **умял** (слопал) все пельмени.

слова и выражения

жар 열, 무더위 / с. зной, пекло, жара / а. холод, мороз

обжора 대식가 / обжоры / с. чревоугодник, проглот / а. малоежка

знаток 통달한 사람 / знатоки / с. мастер, специалист, эксперт / а. невежда, неуч, дилетант / Вы кажется, юрист, или во всяком случае хороший знаток существующих порядков, прежних и нынешних. (Б.Л. Пастернак. Доктор Живаго)

аппетит[46] 식욕 / аппетиты / а. голод / У меня пропал аппетит.

пора 때, 시기 / с. время, период, срок / зимняя пора. дождливая пора. / Настала весенняя пора. Пришла пора обеда. В ту пору он ещё не работал. Пора идти домой. Теперь самая пора.

симпатичный 매력 있는 / симпатичен, симпатична / с. приятный, привлекательный, миловидный / а. неприятный / симпатичное лицо. симпатичный человек

известный 잘 알려진, 유명한 / известен, известна / с. знакомый, знаменитый / а. безвестный

спешить 서두르다, 빠르다(시계) / спешу, спешишь, спешат / спеши / спеша / с. торопиться, убегать / а. медлить, отставать | **поспешить**

открываться 열리다 / открывайся, открывайтесь / с. раскрываться,

---

46) 식사 전에 '맛있게 드세요'의 표현으로 '(желаю вам) приятного аппетита!'가 있다.

начинаться / а. закрываться, скрываться | **открыться** / откроюсь, откроешься, откроются / откройся, откройтесь

есть 먹다 / ем, ешь, едят / ел, ела / ешь / еденный / с. питаться / а. голодать | **съесть** / съеденный

весить 무게가 나가다, 재다 / вешу, весишь, весят / взвесь / с. тянуть, взвешивать

доверять 위임하다, 믿고 맡기다 / доверяй | **доверить** / доверю, доверишь, доверят / доверь /с. поручить, передать / доверенный

выбирать 고르다, 선출하다 / выбирай / с. избирать, голосовать, брать | **выбрать** / выберу, выберешь, выберут / выбери / выбранный / Президентом выбран кандидат от либеральной партии

разбираться 정통하다 (в чём), 분해되다 / разбирайся, разбирайтесь / а. собираться | **разобраться** / разберусь, разберёшься, разберутся / разберись, разберитесь

уплетать 먹다(익살) / уплетай / с. лопать, поглощать | **уплести** / уплету, уплетёшь, уплетут / уплёл, уплела / уплетённый

угощаться 대접받다 / угощайся, угощайтесь | **угоститься** / угощусь, угостишься, угостятся / угостись, угоститесь

уминать 잔뜩 먹다 / уминай | **умять** / умну, умнёшь, умнут / умятый

V УПРАЖНЕНИЯ

- Выберите стилистические синонимы. Используйте примеры.

примеры:
любитель сладкого; столовая; любитель много есть; знаток еды; маленькое кафе; немного поесть; очень быстро; пробовать

① гурман
② обжора
③ кафешка
④ столовка
⑤ перекусить
⑥ сладкоежка
⑦ дегустировать
⑧ на скорую руку

- Выберите вариант, соответствующий стилю, и употребите его в правильной форме.

1. - Сергей! Времени у нас мало, но все уже голодные: ведь время обеда.
   - Предлагаю ...... в кафе, которое нам по пути. Тогда не опоздаем.

   ① быстро поесть ② перекусить

2. ...... "Донат Магний", которую импортируют в Россию из Словении, содержит много полезных для организма минералов.

   ① минеральная вода ② минералка

3. - Девушки, вы куда направляетесь?
- В .... Уже обеденное время.
① столовая ② столовка

1.6. Оценка качества еды

стилистические синонимы[47)]

중립체	구어체
Вам(тебе) понравился обед? (점심 식사가 마음에 들었나요?)	-Как тебе(вам) обед?
Очень понравился![48)] (매우 마음에 들었어요)	Не то слово!
очень вкусный(-ая, -ое) (매우 맛있는)	Объедение! Пальчики оближешь! (фраз.)[49)] Язык проглотишь!(Фраз.)
самый обычный (매우 일반적인)	ничего особенного блюдо как блюдо
не очень вкусный (맛없는)	так себе (фраз.) не по вкусу
совсем не вкусный (아주 맛이 없는)	И это обед (салат, суп, рыба, пирог)?

47) 여기에 해당하는 문체적 동의어는 주관적인 평가를 나타내는 표현들이다. 몇몇 표현들은 레스토랑이나 카페, 음식에 대한 평가에 국한되지 않는다. 다양한 상황이나 대상에 대한 주관적인 평가의 일반적인 표현이기도 하다.

48) 긍정적인 평가의 대상이 남성인 경우에 해당하는 표현이다. 여성인 경우 'понравилась', 중성인 경우 'понравилось', 복수인 경우 'понравились'가 된다. 향후 성에 따른 동사 변화는 남성형만 표기할 것이다.

49) 매우 맛있는 음식을 표현하는 관용어구(фразеология)이다. 일반적으로 이러한 관용어구는 구어체에서 주로 사용된다.

ТЕКСТ

1. - Андрей, **тебе понравился обед**?
   - Очень понравился!

2. - Андрей, **как тебе обед**?
   - Не то слово!

3. Бабушка испекла **очень вкусный** пирог.

4. Бабушкин[50] пирог - просто **объедение**!

5. Пельмени в этом кафе - **пальчики оближешь**!

6. Этот шоколадный торт - **язык проглотишь**!

7. Я ел на обед салат, он **самый обычный**.

8. - Вкусный салат?
   - **Ничего особенного**. / **Салат как салат**.

9. Суп сегодня был **не очень вкусный**.

10. - Вкусный суп?
    - **Так себе**. / Нет, этот суп мне **не по вкусу**.

11. - Обед был вкусный?
    - **Совсем не вкусный**.

12. - Как тебе котлеты?
    - И **это котлеты?**

---

50) 'RussianFood.com'에서 'Бабушкин пирог'를 검색하면 레시피(рецепты)를 알 수 있다.

слова и выражения

объедение 매우 맛이 좋은 것 / объедения / с. пальчики оближешь, обжорство, чревоугодие

вкус 맛, 기호 / сладкий вкус. горький вкус. есть со вкусом. человек со вкусом. быть по вкусу / Это не по моему вкусу. Мне не по вкусу.

испекать 굽다 / испекай / с. печь | **испечь** / испеку, испечёшь, испекут / испёк, испекла / испеки / испечённый

облизывать 핥다 / облизывай / с. лизать / Далее стояли карточные столы, и за одним из них сидела бригадирша и облизывала свои кровавые губы. (А. К. Толстой. Упырь) | **облизать** / оближу, оближешь, оближут / оближи / облизанный

проглатывать 삼키다, 참다 / проглатывай | **проглотить** / проглочу, проглотишь, проглотят / проглоти / проглоченный / с. заглотнуть

V УПРАЖНЕНИЯ

- Соедините стилистические синонимы.

Тебе понравился салат?	Не то слово!
Не очень вкусно	И это суп?
Очень понравилась!	Блюдо как блюдо
Очень вкусный пирог!	Так себе
обычное блюдо	Как тебе салат?
Совсем не вкусный суп	Пирог-язык проглотишь!

- Выберите вариант, соответствующий стилю, и употребите его в правильной форме.

1. Наша бабушка - мастер по печению пирогов. Она печёт ...... пироги с капустой, с мясом, с луком и яйцом.
   ① очень вкусный　　② объедение

2. - Ну и как тебе бабушкин пирог с капустой?
   - ....
   ① Очень вкусный!　　② Объедение, язык проглотишь!

3. Я, как обычно, взял в столовой мой любимый грибной суп, но он оказался ....
   ① не очень вкусный　　② так себе

4. - Ребята, вы, я вижу, из столовки. Нормально пообедали?
   - .... Обычно бывает вкуснее.
   ① не очень вкусно　　② так себе

5. - Давай возьмём на второе эти котлеты. По-моему, они выглядят вполне симпатично.
 - Да нет, ... Давай лучше возьмём свиную отбивную.
 ① обычные котлеты ② котлеты как котлеты.

6. - Антон, тебе понравилась пицца?
 - .... Я теперь запомню эту пиццерию.
 ① очень понравилась ② Не то слово!

7. - Саня, как тебе плов?
 - .... Я в это кафе больше ни ногой!
 ① Совсем не вкусный ② И это плов?

1.7. В магазине, на рынке

1.7.1. Торговля, название продуктов питания

стилистические синонимы

중립체	구어체
рынок (시장)	базар
оптовый рынок (도매시장)	оптовка
у частного лица (직거래)	с рук
картофель (감자)	картошка
морковь (당근)	морковка
сгущённое молоко (응고 우유) тушёное мясо (고기 통조림) овсяная крупа (귀리) гречневая крупа (메일)	сгущёнка[51)] тушёнка овсянка гречка
килограмм (1킬로그램) полкилограмма[52)](0.5킬로그램)	кило полкило
десять штук (10개)	десяток

51) 공식체 혹은 중립체에서 사용되는 '형용사 + 명사'로 이루어진 어구의 형용사에 접미사, '-к(а)'를 첨가하여 파생명사를 만든 예들이다. 이러한 파생명사는 주로 구어체에서 사용된다.

52) 러시아어에서 '반'을 의미하는 'пол' 뒤에는 명사의 생격형을 쓴다. 러시아어 정자법에 의해 명사가 'л'을 제외한 자음으로 시작하는 경우 붙여서 쓴다. 예를 들면, 'полвека', 'полведра', 'полдома'와 같다. 반면 'л'로 시작하는 명사형이 오는 경우 붙여서 쓰지 않는다. 예를 들면 다음과 같다. 'пол-литра', 'пол-лимона', 'пол-линии'.

ТЕКСТ

1. В каждом районе Москвы есть **рынок**.

2. По выходным дням мы ездим на **базар** за свежими фруктами и овощами.

3. Цены на **оптовых рынках** столицы значительно ниже, чем в супермаркетах.

4. Семья обычно покупает продукты на **оптовке**.

5. Покупать товары у **частного лица**, а не в магазине - опасно. Вас могут обмануть.

6. - Где ты купил эти овощи?
   - Я купил их **с рук**, у фермера.

7. В универсаме продаётся импортный **картофель** и картофель отечественных фермеров.

8. Взвесьте, пожалуйста, кило **картошки** и полкило морковки.

9. На огороде выросла замечательная **морковь**.

10. Надо купить овощи для борща: свёклу, **морковку**, капусту, лук.

11. **Сгущённое молоко** всегда пользуется спросом у покупателей.

12. Я обожаю кофе со **сгущёнкой**.

13. Консервы с **тушёным мясом** - продукт времён советского дефицита.

14. Никакой туристический поход не обходится без **тушёнки** и сгущёнки.

15. **Овсяная крупа** популярная во многих странах мира.

16. Каша из **овсянки** - традиционный завтрак в нашей семье.

17. Цена на **гречневую крупу** заметно выросла.

18. Ты только посмотри, как **гречка** подорожала!

19. **Килограмм** мяса на рынке стоит дороже, чем в магазине.

20. Взвесьте, пожалуйста, **кило** мяса.

21. В одной упаковке **десять штук** яиц.

22. Дайте, пожалуйста, **десяток** яиц.

слова и выражения

цена 가격 / цены / быть в цене 대단히 비싸다, дорогой ценой 많은 희생을 치르고, цены нет кому-чему 가치가 무한하다

фермер 농장주, 농민 / с. крестьянин

огород 텃밭 / В каждом дворе имелся свой огород, где росли репа, редиска, свёкла, морковка и другие разные овощи. (Н.Н. Носов. Приключения Незнайки и его друзей)

упаковка 포장

штука 한 개 / с. кусок, экземпляр, единица. объект, предмет / а. совокупность

борщ 보르쉬 / борщи

консервы 통조림 식품

дефицит 부족, 적자, 결핍, 부족 / с. убыток / а. профицит, избыток

выходной 출구의, 휴가의, 휴일의 / с. оконечный, выводной. парадный. нерабочий / а. входной. домашний. рабочий / выходные дни. выходной сигнал. выходной костюм / Как хорошо, что завтра выходной день, можно будет отдохнуть!

свежий 최근의, 신선한 / свеж, свежа / с. новый / а. засохший, давний, старый / свежий след зверя. свежие вести. свежий хлеб. свежая рыба.

частный 개인적인, 일부의 / частен, частна[53] / с. личный, приватный. частичный / а. общий. коллективный. общественный

замечательный 비범한, 뛰어난 / замечателен, замечательна / с. отличный, потрясающий, великолепный, прекрасный, удивительный. примечательный, поразительный / а. отвратительный, ужасающий. ничтожный, неприметный

---

53) 이 단어미 형태는 있으나, 실제적으로 잘 쓰이진 않는다,

дорогой 비싼, 사랑하는 / дорог, дорога / дороже, подороже / с. ценный, драгоценный / а. дешёвый

популярный 널리 알려진, 대중적인 / популярен, популярна / с. известный, знаменитый, распространённый. доступный, общепонятный / а. неизвестный, непопулярный. сложный, специальный

значительный 상당한, 중요한 / значителен, значительна / с. большой, крупный. важный, значимый / а. мелкий, незначительный, ерундовый, пустяковый

заметный 눈에 띄는, 현저한, 사람의 눈길을 끄는 / заметен, заметна / Она потушила умышленно свет в глазах, но он светился против её воли в чуть заметной улыбке. (Л.Н. Толстой. Анна Каренина) Она говорила с заметным еврейским акцентом. (М.А. Шолохов. Тихий Дон) Он стал человеком заметным. (Н.В. Гоголь. Мёртвые души)

обманывать[54] 속이다 / обманывай / с. врать, лгать | обмануть / обману, обманешь, обманут / обмани / обманутый

вырастать 성장하다, 자라다 / вырастай | **вырасти** / вырасту, вырастешь, вырастут / вырос, выросла / вырасти

---

54) '속이다, 기만하다'의 의미로 자주 사용되는 관용어구로 "Лапшу на уши вешать"가 있다. 직역하면 "귀에 국수를 걸다"라는 뜻이다. 이 관용어구와 관련한 재미있는 에피소드가 있는데 러시아에서 인기있는 도시락 라면(Доширак)을 국수(лапшу)라는 어휘를 대신하여 표현하기도 한다.

обожать(불완) 열렬히 사랑하다, 숭배하다 / обожай / Племянника своего она обожала. (И.С. Тургенев)

дорожать 비싸지다 / **подорожать**

взвешивать (무게를) 달다, 생각하여 헤아리다 / взвешивай / с. вешать. обдумывать, оценивать | **взвесить** / взвешу, взвесишь, взвесят / взвесь / взвешенный

обходиться (обойтись) без кого-чего; ~ 없이도 되다, ~ 없이 해결되다 не обходится без чего ~ 없이 해결되지 않는다. ~ 없이 안된다

V УПРАЖНЕНИЯ

- **Соедините стилистические синонимы.**

рынок	с рук
десять штук	сгущёнка
оптовый рынок	картошка
овсяная крупа	гречка
морковь	тушёнка
у частного лица	базар
картофель	десяток
сгущённое молоко	оптовка
гречневая	овсянка
тушёное	морковка

- **Подберите стилистические синонимы к выделенным словам.**

1. Ходить на **рынок** с бабушкой летом на даче было любимым занятием детей.

2. - Какая чудесная **картошка**! Где ты её купил?
   - На базаре.

3. Мне нужно купить пакет молока, **полкило** сыра и **десяток** яиц.

4. Каша из **овсянки** - прекрасное блюдо для малышей и взрослых на завтрак.

5. Нужно поехать за продуктами на **оптовый рынок**, там всё стоит дешевле.

6. - Посмотри, какие чудесные яблоки я купил **с рук**: какой-то дачник продавал. И совсем недорого!
   - Да. Тебе повезло.

7. В супермаркете **морковь** продают мытую и немытую. Какую купить?

8. **Сгущённое молоко** широко используется в кулинарии.

9. Гречка очень полезна для здоровья.

10. **Тущёное мясо** в консервах - практически единственный продукт, который стоял на полках советских продуктовых магазинов.

11. В детстве я очень любил какао на **сгущённом молоке**.

1.7.2. Цена товара, формы оплаты, название денег

стилистические синонимы

중립체	구어체
Сколько стоит? Сколько я должен заплатить? (얼마입니까?)	Почём? Сколько с меня?
Слишком дорого (о цене) Слишком высокие цены. (매우 비싸다)	Не по карману (кому-л.) Цены кусаются.(Фраз.)
кредитная карта (신용카드) пункт обмена валюты (환전소)	кредитка обменник
наличные деньги (현금) мелкие деньги (잔돈)	наличные (наличка) мелочь

ТЕКСТ

1. **Сколько стоят** помидоры?

2. **Почём** ваши помидоры?

3. **Сколько с меня** за всё?

4. Я не буду покупать эту рыбу. Это **слишком дорого** для меня.

5. Эта рыба мне **не по карману**.

6. В магазине “Азбука вкуса” **слишком высокие цены**.

7. В этом магазине большой выбор товаров, но **цены кусаются**.

8. Я буду расплачиваться **кредитной картой**.

9. Я расплачусь **кредиткой**.

10. В торговом центре расположен **пункт обмена валюты**.

11. Прежде чем закупать продукты, нужно зайти в **обменник** и обменять евро на рубли.

12. Носить с собой крупные суммы **наличных денег** небезопасно.

13. В гостинице я заплатил **наличными**.

14. Я получил сдачу **мелочью**.

15. Самая дешёвая ручка стоит **десять рублей**.

16. Проезд на маршрутном такси стоит **тридцать рублей**.

17. Заплатив **тридцатку** водителю маршрутки, я доехал до метро.

18. Мне дали сдачу - **двадцать пять рублей**.

19. - Сколько стоит пучок петрушки?
   - Всего[55] **четвертной**.

20. Краткий юридический словарь стоит **сто рублей**.

---

55) 부사로써 '전부, 다만'이라는 뜻을 가진다.

слова и выражения

карман 호주머니 / В кармане его брюк лежали ключи от квартиры и немного денег

обмен 교환

валюта 통화, 본위 화폐, 외화 / с. денежная единица. инвалюта / национальная валюта. мировая валюта 기축통화, цифровая валюта 디지털 화폐

мелочь 소품, 사소한 것, 잔돈 / с. копейки. пустяк, ерунда

кошелёк 지갑 / кошельки / Ты отдала им свой кошелёк, Люба. Так нельзя! Так нельзя! (А.П. Чехов. Вишневый сад)

сдача 잔돈

пучок 묶음, 다발 / пучки / пучок сена. пучок редиски

высокий 높은 / высок, высока / выше / высокий человек. высокий полёт. высокая температура

кредитный 외상의, 신용의

крупный 큰, 대형의 / крупен, крупна / с. крупнозернистый. большой. значительный / а. мелкий. маленький. незначительный

мелкий 작은 / мелок, мелка / мельче / с. маленький. небольшой / а. крупный, большой

кусаться(불완) 물다, 무는 버릇이 있다 / кусаюсь, кусаешься, кусаются / кусайся, кусайтесь

расплачиваться 정산하다 / расплачивайся, расплачивайтесь | **расплатиться** / расплачусь, расплатишься, расплатятся

располагать 배치하다 | **расположить** / расположу, расположишь, расположат / расположи / расположенный

обменивать 바꾸다, 교환하다 / с. менять | **обменять**

получать 받다 / с. принимать / а. посылать, передавать, отправлять | **получить** / получу, получишь, получат / получи / полученный / получить письмо. получить книгу в подарок. получить дом в наследство. получить отпуск.

УПРАЖНЕНИЯ

- Соедините стилистические синонимы.

слишком высокие цены	Почём?
сто рублей	Сколько с меня?
Сколько стоит?	не по карману
кредитная карта	наличные
слишком дорого	сотня
сколько я должен заплатить?	цены кусаются
наличные деньги	четвертной
двадцать пять рублей	кредитка

- Подберите стилистические синонимы к выделенным словам.

1. - Бабушка, **почём** у вас пучок редиски?
   - Сто рублей.

2. - Саша, у тебя есть **мелочь**? А то у меня в кошельке только тысяча рублей.

3. - Я знаю хороший **обменник**, там выгодно менять иностранную валюту на рубли.

4. - **Сколько с меня**?
   - Тысяча пятьсот двадцать рублей.

5. - Вы будете расплачиваться **наличными** или **картой?**
   - **Наличными.**

6. - Какие прекрасные помидоры ты купил!
  - Она стоят три **сотни** за килограмм.

7. - Катя, посмотри, как подорожала рыба!
  - Да, теперь нам это **не по карману**.

8. - Вот это да! Как поднялись цены на продукты!
  - Да, **цены кусаются.**

9. - Аня, давай купим укроп у этой женщины. Пучок стоит всего **четвертой**.

10. -У меня закончились рубли, нужно срочно бежать в **обменник** и обменять евро.

- Давайте почитаем!

Муж: В магазин?
Жена: В магазин.
Муж: Список пиши давай! Хлеба купи, мяса... Бутылку не забудь! Орехов купи...
Жена: (записывая) Хлеба, мяса, бутылку... Орехов сколько?
Муж: Один. Куда же больше?[56)]

56) 이 텍스트는 라디오 방송 'Эхо Москвы'에서 진행되는 'ОДИН'이라는 프로그램 광고이다. 프로그램의 진행자는 'Антон Орехъ'이다. 진행자의 성이 '호두'를 의미하는 'Орех'와 유사한 것을 이용하여 쇼핑 목록에 '호두' 한 개를 첨가하는 형식으로 만들어진 프로그램 광고이다. '언어유희'(Игра слов)가 활용된 광고라 할 수 있다.

1.8. Оценка качества

стилистические синонимы

중립체	구어체
изобилие, большой выбор (선택의 폭이 넓은/ 상품이 다양하게 많은 것)	глаза разбегаются (фраз.)
Вам нравится товар? (상품이 마음에 드시나요?)	Как вам/тебе товар?
самое высокое качество (최상의 질) не очень высокое качество (질이 아주 좋지 않은) низкого качества (질이 낮은) очень плохого качества (매우 질이 안 좋은) самый обычный (특별하지 않은)	цены нет (чему) (фраз.) так себе оставляет желать лучшего гроша ломаного не стоит.(фраз.) товар как товар
хуже по качеству (в сравнении с другим) (다른 상품과 비교하여 질이 떨어지는)	в подмётки не годится (чему)

ТЕКСТ

1. В летний сезон на рынке **большой выбор** свежих овощей и фруктов.

2. На рынке много свежих овощей и фруктов - **глаза разбегаются**.

3. - **Вам нравятся** эти груши?
   - На вид хорошие.

4. - **Как тебе** помидоры?
   - Нормальные.

5. Продукция фермерских хозяйств отличается **высоким качеством**.

6. Моим яблокам **цены нет**, - нахваливал продавец покупателю свои яблоки.

7. Эти помидоры по виду **самые обычные**.

8. - Кажется, это плохие помидоры.
   - **Помидоры как помидоры**, не лучше и не хуже других на рынке.

9. В этом магазине продукты **не очень высокого качества**.

10. - Как тебе яблоки?
    - Так себе.

11. Этот товар **низкого качества**.

12. Продукты в этом магазине **оставляют желать лучшего**.

13. В этом магазине продукты **очень плохого качества**.

14. Ваш товар **гроша ломаного не стоит**!

15. Молоко из магазина **хуже по качеству**, чем фермерское.

16. Порошковое молоко **в подмётки не годится** натуральному.

слова и выражения

порошковый 분말의

фермерский 농업의 / а. промышленный, индустриальный

худой 여윈 / худ, худа / худее / с. тощий, костлявый, сухой / а. толстый, упитанный / Он страшно бледен был и худ (М. Ю. Лермонтов, Мцыри)

разбегаться 내달리다, 여러 방향으로 달리다 / разбегайся, разбегайтесь | **разбежаться** / разбегусь, разбежишься, разбегутся / разбегись

отличаться (от кого-чего чем) ~의 차이가 있다, 특색을 지니다 / с. выделяться, характеризоваться / а. совпадать | **отличиться** / отличусь, отличишься, отличатся / отличись, отличитесь

нахваливать 몹시 칭찬하다, 과찬하다 | **нахвалить** / нахвалю, нахвалишь, нахвалят / нахвали / нахваленный

казаться (кому кем-чем) 보이다, 생각된다 (무인동) кому; 또는 (접입어) кажется 아마 ~인듯하다, 여겨진다 / кажусь, кажешься, кажутся / кажись, кажитесь / с. выглядеть, производить впечатление. думаться / Доска казалась довольно прочной. Однако ж мне кажется, что ты мне ни в чем не уступишь. (К. П. Масальский, Черный ящик) | **показаться** / с. появиться, возникнуть / а. исчезнуть, пропасть, скрыться

оставлять 남기다, 두고 가다, 내버려 두다 / оставляй / **Я** оставляю зонтик дома. | **оставить** / оставлю, оставишь, оставят / оставь / оставленный

желать (чего) 바라다, 희망하다 / желай / желанный / с. хотеть, мечтать о чём-то | **пожелать**

Ты ему и в подмётки не годишься. 너는 그의 발끝에도 못 미친다.

V УПРАЖНЕНИЯ

- Соедините стилистические синонимы.

очень плохого качества	глаза разбегаются
не очень высокого качества	товар как товар
большой выбор	Как вам товар?
низкого качества	цены нет
самый обычный товар	оставляет желать лучшего
хуже по качеству	так себе
Вам нравится товар?	гроша ломаного не стоит
высокое качество	в подмётки не годится другому

- Подберите стилистические синонимы к выделенным словам.

1. - Андрей, посмотри, какой **большой выбор** фруктов!
   - Да, это правда.

2. - Кажется, у соседнего продавца картошка лучше вашей.
   - Да его картошка **в подмётки не годится** моей!

3. Эта бумага для принтера **оставляет желать лучшего**. Она слишком тонкая.

4. - Оля, как тебе это платье? Мне кажется, оно симпатичное.
   - А по-моему, **платье как платье**.

5. Каждый продавец на рынке убеждает покупателей, что его товару **цены нет**.

6. - Что же вы на свои несвежие фрукты такую высокую цену поставили? Они **гроша ломаного не стоят**.
   - Не нравится мой товар - не покупайте!

7. - Посмотри, какие симпатичные футболки с эмблемой города!
   - А мне кажется, футболки **так себе**, расцветка и качество не самое лучшее.

- **Заполните фразеологические обороты, соответствующие значению и стилю. Используйте слова для справок.**

Для справок

цены нет
гроша ломаного не стоят
торт как торт
не по карману
глаза разбегаются
цены кусаются

1. - Андрей, в этом магазине такие высокие цены!
   - Да, здесь ....

2. - Какое изобилие товаров! Здесь можно купить всё, что нужно.
   - Да, от большого выбора товаров ....

3. - Ваши яблоки сладкие?
   - Самые сладкие на всём рынке! Моим яблокам .... Покупайте, не пожалеете.

4. - Я бы с радостью купил этот компьютер, но пока он мне ....
   - Мне тоже, ведь мы студенты.

5. - Катя, ты посмотри, как дорого стоят ягоды! И это в разгар летнего сезона.
   - Вижу, хотя не все они свежие, а вот у этого продавца ягоды вообще ....

6. - Посмотри, какой великолепный торт! Давай его купим.
   - По-моему, ничего в нём нет особенного, ...

- Давайте почитаем!

Павлуша пригласил Марину поехать с ним на базар в качестве консультанта. Базар - это что-то вроде этнографического музея, понять город можно, только побывав на его базаре...

Базар - это обстановка взаимной заинтересованности. Одним интересно купить, другим интересно продать. Работая с людьми, человек должен быть немного психологом. Во-первых, нужно слышать партнёра. Во-вторых, быть обаятельным. Обаяние - это не просто так. Это талант. Павлуша подходил к продавцу и спрашивал, как его зовут и откуда он приехал.

(По рассказу Виктории Токаревой “Паша и Павлуша”)

1.9. Работа в фирме, в компании

стилистические синонимы

중립체	구어체
визитная карточка (명함)	визитка
почасовая работа (시간제 업무)	почасовка
подрабатывание (아르바이트)	подработка
заработная плата (월급)	зарплата
социальный пакет (복지 후생)	соцпакет
страховое свидетельство (보험)	страховка
работник бюджетной сферы (회계관리)	бюджетник
мобильный телефон (핸드폰)	мобильник
специалист по информационным технологиям (프로그래머)	айтишник
с удовольствием примут (на работу) (〈회사에서〉 흡족하게 영입하다)	с руками оторвут (фраз.)

ТЕКСТ

1. Мастерская предлагает услуги по ксерокопированию, изготовлению визитных карточек и печатной рекламы.

2. - Я оставлю вам свою визитку.
   - Спасибо, через неделю я позвоню вам.

3. Почасовая работа имеет свои преимущества, например, выбор удобного для работы времени.

4. - У Андрея постоянная работа в университете и ещё почасовка в школе.
   - Ему повезло!

5. Подрабатывание в период учёбы в университете для многих студентов единственная возможность жить безбедно.

6. - Тебе хватает стипендии на жизнь?
   - Конечно, нет. Но у меня есть подработка в "Макдональдсе".

7. Фирма предлагает своим сотрудникам стабильную заработную плату.

8. Неделю назад получил зарплату и уже всю истратил. Как дорожает жизнь!

9. Социальный пакет включает набор социальных льгот для сотрудников фирмы.

10. - Я нашёл подработку в супермаркете, рядом с универом. Удобно: работа почасовая и хороший соцпакет.
    - Поздравляю! Я слышал, что многие студенты подрабатывают там.

11. Страховое свидетельство - это документ, обеспечивающий денежное возмещение в случае причинённого ущерба физическому лицу или имуществу.

12. - Антон, для оформления визы нужно иметь медстраховку.
    - Я знаю, я уже купил её в страховой компании.

13. Работники бюджетной сферы получают заработную плату из государственного бюджета.

14. Зарплата у бюджетников всегда ниже, чем у работников частных фирм.

15. При поступлении на работу в фирму в анкете следует указать номера служебного, домашнего и мобильного телефонов.

16. Кто-то звонит мне по мобильнику, а я не могу сейчас разговаривать: идёт занятие.

17. Во многие фирмы и банки требуются специалисты по информационным технологиям - программисты, компьютерщики.

18. - Айтишникам сейчас легко найти работу.
    - Конечно, ведь сейчас 21 век.

19. - Кого же сейчас фирмы и банки готовы прежде всего принять на работу?
    - Инженеров, технических специалистов, программистов.

20. - Мой старший брат - отличный специалист по компьютерам.
    - Его с руками оторвёт любой банк или фирма.

слова и выражения

мастерская 수리소

услуга 봉사, 서비스 / с. помощь, поддержка / а. препятствие

преимущество 우월, 탁월, 우선권 / с. превосходство, предпочтение. привилегия / а. недостаток / Преимущества нового велосипеда очевидны - компактность, легкость, простота конструкции. (А. Яхнич, Складной велосипед без педалей)

набор 모집, 한 벌, 한 조, 패키지 / с. совокупность / а. потеря, растрачивание.

свидетельство 증거, 증명서 / свидетельство о рождении 출생증명서

возмещение 보상, 보상금 / с. компенсация

ущерб 손해, 손실 / с. урон, убыток / Простите мою горячность, но я не могу действовать в ущерб здравому смыслу и убеждению. (Ф. М. Достоевский, Бесы)

страховка 보험, 보상 / с. страхование

сфера 구, 범위, 사회 환경 / бюджетная сфера 예산 범위, потребительская сфера 소비자 부문

визитный 방문의

удобный 편안한 / удобен, удобна / с. благоприятный, комфортный.

своевременный, подходящий / а. неудобный. неподходящий / удобное кресло / Он выбрал удобный момент для разговора.

постоянный 항시의, 일상의 / постоянен, постоянна / с. неизменный. вечный / а. временный. изменчивый, изменяющийся, переменный / постоянный гость 단골 손님. постоянный ток 직류

стабильный 안정된 / стабилен, стабильна / с. постоянный, устойчивый / а. изменчивый, неустойчивый / стабильный город 생태 도시, стабильный фонд 안정자금

истрачивать 낭비하다, 소비하다 / с. тратить, расходовать / а. сберегать, экономить | **истратить** / истрачу, истратишь, истратят / истрать / истраченный

включать 포함하다 / а. исключать | **включить** / включу. включишь, включат / включи / включённый

поздравлять 축하하다 | **поздравить** / поздравлю, поздравишь, поздравят / поздравь / поздравленный

обеспечивать 보장하다 | **обеспечить** / обеспечу, обеспечишь, обеспечат / обеспечь / обеспеченный

причинять 야기하다, ~의 원인이 되다 / с. вызывать | **причинить** / причиню, причинишь, причинят / причини / причинённый

принимать 받다 / с. получать, брать / а. давать, отдавать, посылать |

принять / приму, примешь, примут / прими / принятый

отрывать 떼어놓다, 잡아뜯다 | **оторвать** / оторву, оторвёшь, оторвут / оторви / оторванный

УПРАЖНЕНИЯ

- Соедините стилистические синонимы.

мобильный телефон	подработка
социальный пакет	айтишник
визитная карточка	почасовка
заработная плата	мобильник
страховое свидетельство	соцпакет
почасовая работа	зарплата
подрабатывание	визитка
работник бюджетной сферы	бюджетник
программист	с руками оторвут
с удовольствием примут на работу	страховка

- Выберите вариант, соответствующий стилю, и употребите его в правильной форме.

1. Фирма официально объявила о создании новой модели ....
   ① мобильный телефон ② мобильник

2. - Андрей, я через неделю улетаю в Прагу на студенческую конференцию.
   - Советую тебе заказать ....

① визитная карточка ② визитка

3. ...... даёт студенту возможность получить дополнительные небольшие деньги к стипендии.

① почасовая работа ② почасовка

4. - Сейчас водителям городского транспорта платят высокую зарплату.
- А ...... есть?
- Конечно. Это бесплатный проезд на городском транспорте и детский сад для детей.

① социальный пакет ② соцпакет

5. - Разве может обычный студент прожить без ...... ?! Конечно, нет.
- Согласен, мои друзья-студенты нашли ...... в супермаркете "Ашан".

① подрабатывание ② подработка

6. Мастерская по изготовлению ...... находится на первом этаже университета.

① визитная карточка ② визитка

7. - Мне нужно срочно позвонить домой, а я забыл свой ...... в общаге.
- Вот, возьми мой ...... и позвони!

① мобильный телефон ② мобильни

8. Министр отметил: за последние годы ...... работников бюджетной сферы выросла.

① заработная плата ② зарплата

9. - Саша, ты где пропадаешь по выходным?
   - Я нашёл ...... в супермаркете "Магнит" по выходным я фасую продукты.

   ① подрабатывание ② подработка

10. Экономический кризис вынуждает правительство сокращать число ....

   ① работник бюджетной сферы ② бюджетник

- Давайте почитаем!

1. Фирме требуется бухгалтер. Высшее финансовое или экономическое образование. Свободное владение английским языком, знание российской и западной систем бухгалтерской учёбы. Опыт работы в крупной компании не менее двух лет.

Фирма гарантирует профессиональный рост, возможность работы за рубежом, высокую заработную плату.

Дополнительная информация - по тел. +7 (495) 138-44-21

2. Фирма приглашает менеджера по маркетингу:
возраст до 35 лет, высшее образование,
свободное владение английским языком,
опыт бизнес-планирования,
опыт работы в крупной компании от 3-х до 5-ти лет.

Фирма гарантирует профессиональный рост, стабильную заработную плату, ежеквартальные премии.

Звоните по тел. : +7 (499) 510-23-48

- Давайте почитаем!

EUROSPAR
Достойная З\П; Карьерный рост;
Работа в стабильной компании; Оформление по ТК РФ;
Возможность подработки; Корпоративное питание;
Работа рядом с домом; Мед.осмотр за счёт компании.
Приглашаем сотрудников на вакансии:
Продавец 30 000 руб.
на выкладку товара
Продавец-кассир 35 000 руб.
Продавец 35 000
гастронома и кулинарии
Повар пиццы 37 000
Пекарь 37 000
Повар суши 40 000
Повар 40 000
(г/ц, х/ц, вок, мангал)
Выхино
ВДНХ
Беляево
Царицыно
Южная
Бабушкинская
Красногвардейская
Марьино
Ясенево
Речной вокзал
Чертановская
Строгино
Более подробная информация
о вакансиях по бесплатному номеру
Место
для
фото-
карточки

- Заполните анкету.

Образец: Анкета соискателя при приеме на работу (рис.1)

1. Должность, на которую вы претендуете:
2. Общие сведения:

· Фамилия, имя, отчество

· Дата и место рождения

· Паспорт: серия .... № .... выдан ....
дата выдачи ....

· Ад рее поп ро п иске ....

· Адрес фактический ....

· Семейное положение ....

· Соста в семьи ....

· Рел игиозные убеждения ....

· Образование (в том числе курсы) ....
....

3. Навыки работы на компьютере (нужное подчеркнуть): Нет / Знание основ / Пользователь / Программирование
Компьютерные программы, которыми вы владеете
....
4. Наличие водительских прав (перечислить категории) ....
5. Трудовой опыт (перечислить три последних места работы в обратном порядке)
Организаия .... Период работы ....
Деджность.................................ФИО руководителя и его телефс

АНКЕТА ДЛЯ ПОСТУПЛЕНИЯ НА РАБОТУ

Фамилия, имя, отчество ……………………………………………

…………………………………………………………………………

Дата рождения ……………………… Возраст ……………………

Есть ли у Вас Минская прописка? …………………………………

Семейное положение ………………………………………………

Состав семьи …………………………………………………………

…………………………………………………………………………

…………………………………………………………………………

Водительские права (категория)

Автомобиль (марка) …………………………………………………

Как с Вами можно свяшься?

Домашний тел ………………… Рабочий тел ………………………

Домашний адрес ……………………………………………………

Как-то иначе:

Настоящее место работы ……………………………………………

Длительность ……………………… Должность …………………

Содержание деятельности …………………………………………

Ваши пожелания по работе:

Должность……………………………………………………………

…………………………………………………………………………

Оплата ………………………………………………………………

Условия труда ………………………………………………………

Дополнительные пожелания ………………………………………

В какой области Вы считаете себя хорошим специалистом? ……

…………………………………………………………………………

…………………………………………………………………………

ОБРАЗОВАНИЕ:

Высшее образование

Учебное заведение …………………………………………………

Факультет……………………………………………………………

Период обучения с ……… по ……… Длительность ……………

1.10. В театре, в кино, на концерте

1.10.1. Названия театров и кинотеатров[57)]

стилистические синонимы

중립체	구어체
Большой театр[58)] (대극장)	Большой
Малый театр[59)] (작은 극장)	Малый
Александринский театр[60)] (알렉산드르 극장)	Александринка
Мариинский театр оперы и балета[61)] (마린스끼 오페라 발레 극장)	Мариинка

---

57) 자주 약어로 표현되는 주요 극장으로는 모스크바에 있는 'МХАТ'(Московский Художественный Академический Театр)와 뻬쩨르부르그에 있는 'БДТ'(Большой драматический Театр)를 들 수 있다.

58) 모스크바에 있는 국립극장으로 오페라, 발레 공연을 위한 극장이다. 공식적인 명칭은 "러시아 국립 아카데미 대극장(Государственный Академический Большой Театр России)이다. 러시아의 중요한 문화유산으로 러시아에서 가장 큰 극장 중 하나이자 세계에서 가장 중요한 오페라 및 발레 극장 중 하나이다. 극장은 모스크바 중심부의 '극장광장'(Театральная площадь)에 있다. 'ГАБТ'라는 약어로 자주 표현되기도 한다.

59) 모스크바의 'Большой театр' 옆에 위치하고 있고, 공식적인 명칭은 'Государственный Академический Малый Театр' 드라마 극장이다.

60) 공식체에 쓰이는 정식명칭은 "러시아 국립 드라마 극장"(Национальный драматический театр России)이다. 뻬쩨르부르그에 있다. 1756년 황후, 엘리자베스 뻬트로브나(Elizabeth Petrovna)의 법령에 의해 설립된 러시아 최초의 대중극장이라 할 수 있다. 최초의 극장명은 "비극과 희극 공연을 위한 러시아 극장"(Русский

ТЕКСТ

1. Большой театр находится в центре Москвы.

2. - Катя, мне повезло! Я попала в Большой на "Лебединое озеро".
   - Поздравляю! Я ещё не была в Большом.

3. В Малом театре сегодня премьера.

4. Сегодня я иду в Малый на премьеру.

5. Александринский театр в Санкт-Петербурге - один из старейших профессиональных театров Европы.

6. - Что идёт сегодня вечером в Александринке?
   - Гоголевская "Женитьба".

7. В Маринском театре выступает Венская опера.

8. Мариинка - гордость Петербурга.

театр для представлений трагедий и комедий)이다.

61) 뻬쩨르부르그에 있는 오페라 및 발레 공연 극장이다. 공식 명칭은 '국립아카데이 마린스끼 극장'(Государственный академический Мариинский)이다. 알렉산더 2세(Alexander II) 황제의 아내인 마리야 알렉산드로브나(Maria Alexandrovna) 황후의 이름을 따서 마린스끼(Mariinsky)로 명명되었다.

слова и выражения

премьера 초연
гордость 자랑, 자긍심

находиться 있다, 존재하다 / нахожусь, находишься, находятся / находись, находитесь / с. располагаться, быть. присутствовать. быть

попадать ~에 도착하다 | **попасть** / попаду, попадёшь, попадут / попал, попала / попади

выступать 나가다, 연주하다 / с. выдаваться. отправляться. появляться | **выступить** / выступлю, выступишь, выступят / выступи

УПРАЖНЕНИЯ

- **Выберите вариант, соответствующий стилю, и употребите его в правильной форме.**

1. Интересно, что идёт сегодня в ...... ?
① Малый театр ② Малый

2. Театральная афиша сообщала, что в ...... сегодня вечером состоится балет "Жизель".
① Мариинский театр оперы и балета ② Мариинка

3. Если ты поедешь в Питер[62], постарайся побывать в ....
① Мариинский театр оперы и балета ② Мариинка

4. В газете в рубрике "Новости культуры" можо прочитать, что в ...... сегодня состоится премьера.
① Малый театр ② Малый

5. - Анна, конечно, билеты в ..... стоят дорого, но ты будешь в восторге. Я уверена.
- Я надеюсь.
① Большой театр ② Большой

6. Посещение туристами ...... произвело на них незабываемое

62) 'Питер'는 18세기에 쓰인 이 도시의 최초 명칭이었던 'Санкт-Питер-Бурх'를 축약하여 부르면서 등장하였고, 19세기 초에 이르러 'Питер' 명칭은 러시아 민담, 민요에 활발히 쓰이기 시작했다. 1917년 러시아 혁명 이후 'Ленинград'로 명칭이 바뀌면서 잘 쓰이지 않다가 구소련의 붕괴 이후 다시 쓰이기 시작했다.

впечатление.

① Большой театр ② Большой

7. ...... готовит в юбилейном сезоне ряд премьер, а также запланированы большие гастроли в Москве.

① Александринский театр ② Александринка

1.10.2. Разные виды фильмов

стилистические синонимы

중립체	구어체
телевизор (텔레비전)	телик
мультфильм (만화)	мультик
фильм ужасов (공포형화)	ужастик
мыльная опера[63] (장편 텔레비전 드라마)	мыло (жарг.)
порнографический фильм (포르노 영화)	порнуха[64] (жарг.)
мрачный, безрадостный фильм (비극 영화)	чернуха (жарг.)

63) 가볍고 단순한 내용으로 오랜 기간 방영되는 텔페비전 드라마 시리즈를 의미한다. '비누 오페라'라는 이름이 붙은 것은 이러한 드라마가 한창 유행하던 당시 드라마 중간에 주부를 대상으로 한 비누, 세제 등을 광고했던 것에서 유래했다고 한다.

64) 접미사 '-ух(а)'는 명사형을 만드는 접미사로서 주로 표현 대상에 대한 비하의 의미를 나타내는 접미사이다. 예를 들면, 뚱뚱한 사람(толстый человек)의 경우, 이 접미사를 사용하여 '뚱뚱보'(толстуха)와 같이 명사로 표현할 수 있다. 또 다른 예로써 아주 작은 방을 표현할 때, 부정적인 의미를 담아 'комнатуха' 또는 새장이나 개, 고양이 등의 집을 일컫는 'клетка에 접미사를 붙여 'клетуха'라고 표현할 수도 있다. 참조. https://ru.wiktionary.org/wiki/-%D1%83%D1%85

ТЕКСТ

1. По телевизору показывают футбол.

2. - Костя, привет, что делаешь?
   - Привет. Смотрю по телику футбол.

3. Маленькие дети любят смотреть мультфильмы.

4. -Признаюсь, мультик про Чебурашку был у меня любимым в детстве.
   -У меня тоже.

5. Вчера в кино мы смотрели фильм ужасов.

6. После вчерашнего ужастика я долго не мог уснуть.

7. Знаменитую американскую мыльную оперу “Санта-Барбара” показывали по телевидению почти десять лет.

8. - Как было популярно в России зарубежное “мыло”!
   -А сейчас зрители больше любят смотреть отечественные телесериалы.

9. На Западе порнографические фильмы показывают на специальных платных телеканалах.

10. - Тебе понравился фильм?
    - Что там может понравиться?! Одна порнуха.

11. Этот режиссёр всегда ставит тяжёлые, мрачные фильмы с трагическим сюжетом.

12. - Пойдём посмотрим новый фильм.
- Не хочу я смотреть эту чернуху. Жизнь и так тяжёлая, а тут ещё в кино переживай.

слова и выражения

ужас 공포, 무서움 / с. страх, испуг, боязнь. жуть / а. самоуверенность, восторг

зритель 관찰자, 관중 / с. наблюдатель / а. артист. участник

режиссёр 감독

знаменитый 유명한, 훌륭한 / с. известный, славный, видный. выдающийся, отличный / а. безвестный.

популярный 알기 쉬운, 인기 있는, 널리 알려진 / популярен, популярна / с. доступный, общепонятный. любимый, уважаемый, модный. известный, распространённый / а. сложный, специальный. одиозный. неизвестный

зарубежный 외국의 / с. иностранный, заграничный / а. отечественный

трагический 비극의, 비극적인

признаваться (кого в чём) 고백하다, 자백하다 / признаюсь, признаёшься, признаются | **признаться**

уснуть(완료) 잠들다 / усну, уснёшь, уснут / усни / с. заснуть. задрыхнуть / а. проснуться, пробудиться, встать

ставить 놓다, 세우다, 상연하다 / ставлю, ставишь, ставят / ставь / ставленный | **поставить**

переживать 어느 기간 살다, 살아남다, 참고 견디다 / с. выживать. бояться, волноваться | **пережить** / переживу, переживёшь, переживут / переживи / пережитый

УПРАЖНЕНИЯ

- Соедините стилистические синонимы.

телевизор	ужастик
мрачный фильм	мыло
фильм ужасов	мультик
мультфильм	телик
порнографический фильм	чернуха
мыльная опера	порнуха

- Выберите вариант, соответствующий стилю, и употребите его в правильной форме.

1. Педагоги считают, что ...... нельзя смотреть детям, это плохо влияет на их психику.
   ① фильм ужасов ② ужастик

2. - Оля! Хочешь посмотреть новый ...... ?
   - Нет, я не любитель .... Я люблю мелодрамы.
   ① фильм ужасов ② ужастик

3. Стас! Хочешь посмотреть ...... ? Я скачал в Интернете классный фильм.
   ① порнографический фильм ② порнуха

4. - Я обожаю ...... ! Володь, а какой твой любимый ...... ?
   - Что за вопрос?! "Ну, погоди![65]"
   ① мультфильм ② мультик

5. Российские ...... неоднократно получали призы на международных кинофестивалах.
   ① мультфильм ② мультик

6. Для большинства российского населения ...... является главным источником новостей.
   ① телевизор ② телик

7. Что у нас сегодня идёт по ...... ? Опять фильм про бандитов и мафию?
   ① телевизор ② телик

8. Ребята говорили, что это ...... , а я считаю - это просто эротика.
   ① порнографический фильм ② порнуха

---

65) 1969년에 방영되기 시작한 소비에트 만화이다. 쫓고 쫓기는 늑대와 토끼를 코믹하게 그린 만화이다. 늑대는 토끼를 항상 쫓아가지만 토끼는 언제나 잘 빠져나간다. 제목, '거기 서!'(Не погоди!)는 잘 빠져나가는 토끼에게 늑대가 항상 외치는 대사이다.

9. Психологи считают, что герои детских ...... влияют на формирование личности ребёка.
① мультик ② мультфильм

10. Новый фильм режиссёра определённо рисует правдивую картину трудной жизни, но люди устали от ...... и хотят надежды и немного радости.
① мрачный фильм ② чернуха

11. Название ...... новый телевизионный жанр в США получил потому, что спонсорами первых телесериалов были крупнейшие компании - производители мыла.
① мыльная опера ② “мыло”

- Давайте почитаем.

Голливуд - это огромная индустрия, выдающая массовый продукт. И как всякое массовое производство развлечений, он, естественно, выпускает кучу всякого хлама. Но среди этой жвачки для глаз есть настоящие произведения искусства. Причём не одно, не два и не пять. И хороших американских фильмов я за эти годы видел на три порядка больше, чем хороших российских. Российское кино проигрывает битву за кинопрокат. Зато оно берёт с лихвой реванш в телевизоре. Там сплошной отечественный кинематограф! Уже нету давно у нас ни бразильских, ни мексиканских “мыльных опер”... Везде только наши сериалы и фильмы про наших доморощенных героев. Ну, и как вам качество этого продукта? Эти нескончаемые саги про ментов и бандитов, про придуманную любовь, про весёлых докторов, беспечных студентов и прочие комиксы? Посмотришь минут пять, эдакую белиберду, и уже не настолько уверен, что наша отечественная чернуха, порнуха и бытовуха полезнее Каламбии Пикчерз. (Из блога обозревателя радиостанции 〈Это Москвы〉 Антона Ореха)

1.10.3. На концерте

стилистические синонимы

중립체	구어체
большой поклонник, любитель (열혈 지지자)	фанат, фанатка
фонограмма (음반)	фанера
удовольствие (만족)	кайф
поп-музыка (팝 뮤직)	попса
рок-музыкант (록 뮤지션)	рокер
уважение (동경)	респект[66] (от англ. respect)

ТЕКСТ

1. На концерте было много поклонников этого рок-музыканта.

2. Андрей - фанат группы “Алиса[67]”.

---

66) 현대 러시아어 구어체에는 영어에서 차용된 많은 어휘들이 사용되고 있다. 주로 젊은 세대를 중심으로 영어에서 차용된 슬랭이 급속하게 증가하고 있는 추세이다. 이러한 젊은 세대의 많은 슬랭은 신조어에 편입되고 있다. ‘김성완. 러시아어 슬랭의 주제별 그룹에 대한 연구. 비교문화연구 23집. 2011.’, ‘김성완. 현대 러시아 젊은 세대의 ‘슬랭’ 연구. 노어노문학 제33권 제4호. 2021.’ 참조.

67) 1983년 레닌그라드에서 결성된 록 그룹으로 그 당시 러시아에서 가장 인기있는 러시아 록 그룹 중 하나였다. 그룹의 리더이자 작곡가는 콘스탄틴 킨체프(Константин Кинчев)이며, 활동의 주요 장르는 초장기 가벼운 ‘뉴 웨이브’ 성향이었으며, 이후 무거운 록 음악으로 변했다.

3. Певец исполнял песни под фонограмму.

4. Петь на концерте под “фанеру” - позор!

5. Мы получили большое удовольствие от концерта.

6. - Как тебе концерт?
- Потрясно! Я такой кайф получил!

7. Поп-музыка невысокого художественного уровня звучит на всех телеканалах.

8. Устал от попсы? Послушай классику рока - “Битлз”.

9. На концерте выступили известные рок-музыканты.

10. - Саша, тебе нравится рок-музыка?
- Что за вопрос?! Я сам рокер, уже пять лет играю в студенческой рок-группе.

11. Концерт был прекрасный, хочется выразить уважение музыкантам.

12. Рок-музыканты играли круто. Мой им респект!

слова и выражения

поклонник 팬, 숭배자, 연모하는 사람
фонограмма 레코드, 필름, 테이프
позор 치욕, 수치, 불명예, 창피
уровень 수준, 레벨 / уровни / уровень жизни / Уровень воды в реке

поднялся

художественный 예술의, 예술적인 / художествен(ен), художественна / с. артистический. эстетический

крутой 험한 / крут, крута / круче, покруче / с. резкий. суровый. сильный. решительный / а. плавный. постепенный. мягкий. слабый

исполнять 이행하다, 연기하다 / с. выполнять | **исполнить** / исполню, исполнишь, исполнят/ исполни / исполненный /

звучать 소리가 나다, 들리다 / звучу, звучишь, звучат / звучи | **прозвучать**

уставать 피곤하다, 싫증나다 / устаю, устаёшь, устают / уставай / с. утомляться / а. отдыхать | **устать** / устану, устанешь, устанут

выражать 표현하다 / с. проявлять, демонстрировать / а. скрывать, утаивать | **выразить** / выражу, выразишь, выразят / вырази / выраженный

V УПРАЖНЕНИЯ

- Соедините стилистические синонимы.

фонограмма	попса
удовольствие	фанера
поп-музыка	рокер
большой поклонник	кайф
рок-музыкант	фанат

- Выберите вариант, соответствующий стилю, и употребите его в правильной форме.

1. Вчера в Доме музыки с триумфом прошло выступление знаменитого Венского филармонического оркестра. В зале собралось множество ...... музыкантов.
   ① большой поклонник ② фанат

2. - Андрей, вчера ты так поздно вернулся в общагу!
   - Был на концерте "Машины времени". Ты же знаешь, я ...... Андрея Макаревича.
   ① большой поклонник ② фанат

3. - Дима, когда ты стал ......?
   - Когда я впервые услышал "Битлз", я тоже захотел играть рок-музыку.
   ① рок-музыкант ② рокер

4. Музыковед собрал обширную коллекцию записей концертов

известных ...... за много лет.

① рок-музыкант ② рокер

5. ...... - это запись звука, музыки, сделанная при помощи различных технических средств.

① фонограмма ② фанера

6. - Олег, как тебе вчерашний концерт?

- Ужасно! Я не дослушал до конца, ушёл, ведь певец пел под ....

① фонограмма ② фанера

7. На Международном московском фестивале военных духовых оркестров "Спасская башня" зрители получают ...... от выступления оркестров из разных стран.

① удовольствие ② кайф

8. - Антон, привет! Ну, и как тебе рок-концерт?

- Было классно! Я получил ....

① удовольствие ② кайф

9. Когда в спорткомплексе "Олимпийский" выступают популярные ...... , там собирается огромная толпа любителей рок-музыки.

① рок-музыкант ② рокер

1.10.4. Впечатления о спектакле, о фильме, о концерте

стилистические синонимы

중립체	구어체
Вам нравится спектакль? (공연이 마음에 들었나요?)	Как вам спектакль?
Очень нравится. Я в восторге. (아주 마음에 들다, 흡족하다.)	Нет слов! Не то слов! Ещё как!
Не понравился. (마음에 들지 않다.)	Скажешь тоже!
великолепный, прекрасный (훌륭하다)	классный, потрясный, офигенный
очень сильный, яркий (매우 인상적이다)	крутой
весёлый, забавный, смешной (코믹하다)	прикольный
хороший (좋다)	нормальный
средний, самый обычный (평범하다, 일반적이다)	Ничего.
не очень хороший, плохой (별로 좋지 않다)	Так себе. Ничего хорошего.
очень плохой, ужасный (매우 형편없다)	Отстой!
жестокий, суровый, жёсткий (잔인하고 거칠다)	Жесть!

ТЕКСТ

1. - Вам понравился концерт?
   - Очень.

2. - Стас, как тебе концерт?
   - Классно!

3. - Вам понравился концерт?
   - Очень понравился. Я в восторге.

4. - Фильм понравился?
   - Не то слово!

5. - Тебе понравился спектакль?
   -Конечно, нет. Современная трактовка классики должна быть талантливой.

6. - Тебе понравился фильм?
   -Скажешь тоже! Как могут нравится такие пустые, глупые фильмы!

7. Спектакль был великолепный.

8. Фильм был потрясный! Нам повезло.

9. Сериал "Игра престолов" очень яркий и оригинальный.

10. Вчера мы посмотрели крутой американский боевик.

11. Фильм оказался весёлым и забавным.

12. - Аня! Как тебе комедия?
    - Прикольная.

13. Спекталь хороший, и артисты играли неплохо.

14. - Денис, ну и как тебе фильм?
    - Нормальный.

15. Спектакль был средним: ни хорошим, ни плохим.

16. - Как спектакль? - Ничего. Спектакль как спектакль.

17. Мы так ждали премьеру фильма, а он оказался плохим, скучным.

18. - Вижу, что фильм тебе не очень понравился.
    - Да, фильм так себе.

19. Впечатление о фильме осталось не просто плохое, а ужасное.

20. - Ну, как концерт?
    - Полный отстой!

21. Фильм поражает грубой жестокостью, очень жёсткое кино.

22. - Ну, и как фильм?
    - Жесть!

слова и выражения

восторг 환희, 희열 / с. восхищение. энтузиазм / а. негодование, уныние

трактовка 해석, 취급 / с. трактование

боевик 액션영화

впечатление 인상 / с. эффект

отстой *сленг* 형편없는 것

пустой 빈 / пуст, пуста / с. пустующий, порожний. полый. незаполненный / а. полный

глупый 어리석은, 둔한 / с. турой, неумный, слабоумный. дурак / а. умный, неглупый. логичный. умник

великолепный 화려한, 근사한, 훌륭한 / великолепен, великолепна / с. прекрасный, роскошный. отличный, превосходный / а. уродливый, ужасный

потрясный 놀라운 / потрясен, потрясна / с. потрясающий, ошеломительный

забавный 재미있는, 우스운, 이상한 / забавен, забавна / с. смешной, интересный, любопытный / а. отталкивающий, скучный, неинтересный

скучный 무료한, 재미없는 / скучен, скучна / с. неинтересный, нудный. скучающий / а. интересный. оживлённый

грубый 거친, 무례한, 난폭한 / с. некультурный, невежливый. простой. неточный / а. деликатный, вежливый. точный

жёсткий 딱딱한, 엄격한, 가혹한 / с. твёрдый, прочный. суровый, грубый / а. мягкий, гибкий

поражать 치다, 깜짝 놀라게 하다, 깊은 감동을 주다 / с. удивлять. изумлять | **поразить** / поражу, поразишь, поразят / порази / поражённый

жесть (междометие); то же, что ужас. выражение крайнего удивления / с. ужас, жёстко, жестоко

V УПРАЖНЕНИЯ

- Соедините стилистические синонимы.

очень плохой
весёлый, забавный
сильный, оригинальный
не очень хороший
Тебе понравился фильм?
великолепный
средний, самый обычный
Очень понравился
хороший

Как тебе фильм?
Фильм как фильм
Отстой!
прикольный
так себе
нормальный
Нет слов! Ещё как!
классный,
крутой

- Выберите вариант, соответствующий стилю, и употребите его в правильной форме.

1. - Ты слышал, как поёт этот оперный певец?
   - Да, ... голос!
   ① прекрасный ② классный

2. Многие кинокритики высказывают негативное мнение о фильме, считая его ....
   ① так себе ② не очень хороший

3. Я читал в журнале рецензию на этот детский фильм. Его оценивают как ....
   ① весёлый, забавный ② прикольный

4. Вчера я был на концерте артистов современного французского балета, ... представление!

① потрясный ② прекрасный

5. Как мне повезло! Я попал на концерт любимой рок-группы. ....

- Я тебе завидую.

① Полный восторг ② Нет слов!

6. - Тебе понравился новый фильм?

- По-моему, ничего особенного ....

① фильм как фильм ② средний, обычный

7. - Вчера ночью по телику показывали фантастику, фильм ....

① очень плохой ② отстой!

8. - Глеб, ты, я слышал, вчера был на концерте рок-группы? ....

- Да. Концерт был потрясный!

① Тебе понравился концерт? ② Как тебе концерт?

9. Вчера мы с друзьями были в Большом театре. Слушали оперу "Руслан и Людмила". Постановка была ....

① великолепный ② потрясный

10. - Наконец-то посмотрел фильм, о котором так много говорят.

- Ну, и как фильм? Понравился?

- ....

① средний, самый обычный ② фильм как фильм

- Давайте почитаем.

После обеда мама достала из шкатулки серые театральные билеты с рисунком чайки и протянула мне:
- Это тебе.
Это были билеты в Художественный театр на “Живой труп” и “Три сестры”.
Оказалось, что мама, чтобы достать эти билеты, стояла в очереди к театральной кассе всю холодную зимнюю ночь. Я страшно обрадовался и поцеловал маму, а она, улыбаясь, сказала, что ей было интересно стоять всю ночь в толпе студентов и что уже давно она так весело не проводила время.
“Три сестры” шли в день моего приезда. Тотчас после обеда мы с Димой начали собираться в театр. Мы доехали до Театральной площади в холодном трамвае...
Театральная площадь была наполнена блёстками снега. Они висели в воздухе и были хорошо видны около фонарей. Мы прошли через Театральную площадь в Камергерский переулок и вошли в невзрачный снаружи театр.
Полы были затянуты серым сукном. Зрители двигались бесшумно. Чуть колыхался коричневый занавес с чайкой. Всё было строго и вместе с тем празднично.
Мне было больно за людей, мучившихся в чеховской пьесе. Но вместе с тем меня не оставляло ощущение свежести и праздничности. Эта праздничность и свежесть шли от искусства. Всё неприглядное и невесёлое показалось мне временным и не очень серьёзным. Пусть будут бедность, обиды, неудачи, но никто не сможет погасить тот свет, что пришёл сейчас из таинственной страны искусства.

(По повести К. Паустовского “Далёкие годы”)

1.11. Впечатления о музее, о выставке, об экскурсии

стилистические синонимы

중립체	구어체
Вам понравилась выставка (экскурсия, музей)? (전시회는 마음에 들었나요?)	Как тебе выставка?
Очень понравился. Я в восторге. (매우 좋았다.)	Нет слов! Не то слово! Ещё как!
Совсем не понравился. (전혀 마음에 들지 않았다.)	Скажешь тоже!
прекрасный, замечательный (아주 좋음)	Супер!
самый обычный (매우 일반적인)	Ничего. Выставка как выставка.
не очень хороший (아주 좋지 않은)	Так себе. Ничего хорошего.

ТЕКСТ

1. - Вам понравилась выставка?
   - Очень.

2. - Стас, как тебе концерт?
   - Прикольно.

3. - Вам понравилась экскурсия?
   - Очень понравилась. Я в восторге!

4. - Фильм понравился?
   - Не то слово!

5. - Тебе понравилась экскурсия?
   - Совсем нет. Ведь ехать на автобусе в один конец нужно три часа.

6. - Тебе понравилась экскурсия?
   -Скажешь тоже! Как может понравиться экскурсия, если мы шесть часов ехали на автобусе и два часа стояли в пробке?!

7. Музей деревянной архитектуры оказался прекрасным.

8. - Ну и как музей?
   - Супер! Нам повезло.

9. Выставка была самой обычной: ни хорошей, ни плохой.

10. - Как выставка?
    - Ничего. Выставка как выставка.

11. Мы так ждали эту экскурсию, а она оказалась плохой, совершенно неинтересной.

12. - Вижу, что выставка тебе не очень понравилась.
    - Да, экскурсия была так себе.

слова и выражения

пробка 코르크, 정체, 혼잡
архитектура 건축, 건축학 / с. зодчество

совершенный 완성된, 우수한, 완전한 / совершенен, совершенна / с. идеальный. полный, абсолютный / а. небезупречный, несовершенный. неполный

оказываться 판명되다, ~인 것을 알게되다 | **оказаться** / окажусь, окажешься, окажутся / окажись, окажитесь / Он оказался очень хорошим человеком

УПРАЖНЕНИЯ

- **Используя слова для справок, подберите стилистические синонимы к выделенным словам.**

> **Для справок**
>
> так себе
> скажешь тоже
> супер
> выставка как выставка
> как тебе....?

1\. - Катя, тебе **понравилась** экскурсия?
- Да, понравилась.

2\. - Правда, музей интересный?
- Да, **прекрасный** музей.

3\. - Фотовыставка тебе понравилась?
- Ничего особенного, **самая обычная** выставка.

4. - Сергей, ты ведь на выходные ездил в Суздаль? Понравилась экскурсия?
   - Экскурсия была не очень хорошей, нам не повезло с экскурсоводом.

5. - Оля, тебе понравилась выставка?
   - Совсем не понравилась! Ведь мы три часа стояли под дождём в очереди. Настроение было испорчено.

- Давайте почитаем.

Музей-усадьба "Останкино" представляет собой классический образец парковой архитектуры XVIII века, включающий старинный парк и дворец графов Шереметевых.
Посещение экспозиции внутри дворца возможно только в составе группы с экскурсоводом. Экскурсии для неорганизованных туристов проводятся лишь в субботу и воскресенье с 11 до 17 часов, группы формируются каждый час.
Стоимость билета на экскурсию составляет 350 рублей, в эту же цену включено посещение парка усадьбы.
Парк и дворец открыты ежедневно, кроме понедельника и вторника, с 11 до 20 часов.
Музей-усадьба "Останкино" имеет официальный сайт http://ostakino-museum.ru. содержащий фото и информацию, рекомендуемую к прочтению перед посещением.

1.12. На железнодорожном вокзале

стилистические синонимы

중립체	구어체
электропоезд (교외선)	электричка
сезонный билет (정기권)	сезонка
пассажир без билета (무임승차자)	безбилетник, “заяц”
Что случилось? (무슨 일이죠?)	В чём дело?
Который час? (몇 시입니까?)	Сколько времени?[68]
В котором часу? (몇 시에?)	Когда? Во сколько?
Как долго? (얼마나 오래?)	Сколько времени?

ТЕКСТ

1. По радио объявили: 《**Электропоезд** проследует до станции Вербилки со всеми остановками》.

2. Из-за очереди в билетную кассу мы чуть не опоздали на **электричку**.

3. В летнее время для пассажиров выгодно приобрести **сезонный билет** на электропоезд.

---

68) 이 문장은 두 가지의 의미를 가진다. 하나는 질문자가 현재 시각을 묻는 의미이고, 다른 하나는 모종의 행위에 대하여 시작부터 끝까지 얼마나 오래 걸리는지 묻는 의미이다.

4. На лето я купила **сезонку**, теперь мне удобно ездить на дачу.

5. Объявление сообщает: с 1 января 2022 года **пассажиры без билета** обязаны заплатить штраф в размере 1000 рублей.

6. - Катя, ты заметила, после того как на станции поставили турникеты, **безбилетников** стало меньше.
   - Конечно, заметила.

7. Электропоезд до станции Вервилки, отправляющийся в 10.20, отменили. Интересно, **что случилось**?

8. - Сергей, наконец-то!
   - А **в чём дело**?
   - Ещё спрашиваешь! Мы можем из-за тебя опоздать на электричку.

9. Скажите, пожалуйста, **который час**?

10. Андрей, **сколько** сейчас **времени**?

11. **В котором часу** отправится электропоезд в Калугу?

12. - **Когда** отправится электричка в Калугу?
    - **Во сколько** отправится электричка в Калугу?

13. - **Как долго** идёт электропоезд до станции Савёлово?
    - Два часа тридцать минут.

14. - **Сколько времени** идёт электричка до Савёлово?
    - Два с половиной часа.

слова и выражения

турникет 개찰구

выгодный 이익 있는, 유리한 / выгоден, выгодна / с. небезвыгодный / а. безвыгодный, невыгодный / выгодное предложение

обязанный 의무 있는, ~해야 할 / обязан, обязана / с. вынужденный. благодарный

проследовать(완료) 향하다 / проследую, проследуешь, проследуют / проследуй

приобретать 얻다, 획득하다 / с. обретать, получать / а. утрачивать. лишаться (чего-либо) | **приобрести** / приобрету, приобретёшь, приобретут / приобрёл, приобрела / приобрети / приобретённый

замечать 알아 차리다, 살펴서 알다 / с. обнаружить, видеть. отмечать / а. игнорировать | **заметить** / замечу, заметишь, заметят / заметь / замеченный / Ты заметил странный запах в коридоре?

отменять 취소하다, 중지하다 | **отменить** / отменю, отменишь, отменят / отмени / отменённый / Боюсь, я вынужден отменить нашу встречу завтра.

случаться 발생하다, 생기다, (무인동) 경우가 있다, 마침 그 자리에 있다 / С ним случилось в эту минуту то, что случается с людьми, когда они неожиданно уличены в чем-нибудь слишком постыдном. (Л. Н. Толстой. Анна Каренина) | случиться / случатся / случись

отправляться 출발하다, 가다 | **отправиться** / отправлюсь, отправишься, отправятся / отправься, отправьтесь / а. остановиться

V УПРАЖНЕНИЯ

- **Выберите вариант, соответствующий стилю, и употребите его в правильной форме.**

1. - Мы опоздали! ...... только что ушёл/ушла.
   - Жаль, теперь придётся ждать целый час.
   ① электропоезд ② электричка

2. Уважаемые пассажиры! Прослушайте объявление: ...... до станции Дубна отправится через пять минут с третьей платформы.
   ① электропоезд ② электричка

3. Объявление на вокзале: ...... на электропоезд можно купить в кассе вокзала.
   ① сезонный билет ② сезонка

4. - На лето я купил ...... , чтобы ездить на дачу. Очень удобно!
   - Согласен.
   ① сезонный билет ② сезонка

5. - Андрей, ты заметил, что ...... стало меньше, ведь повысился

штраф за безбилетный проезд.

- Конечно, заметил. Кому охота платить 1000 рублей?!

① пассажир без билета ② безбилетник

6. - Электричку на 10.20 отменили.

- Интересно, ...

① что случилось ② в чём дело.

7. В вагон зашёл контролёр, ... пришлось заплатить штраф.

① пассажир без билета ② безбилетник

8. - Как жаль, что мы опоздали на .... Она только что ушла.

- Ничего, скоро уедем.

① электропоезд ② электричка

9. - Ты купил билет?

- У меня .... Все дачники обычно покупают на лето ....

① сезонный билет ② сезонка

10. - Ты когда нибудь ездил ...... в электричке?

- Нет, не приходилось.

① безбилетный пассажир ② безбилетник

11. По радио только что объялили, что ...... во Владимир отправится через 5 минут.

① электропоезд ② электричка

12. - В этом году ...... подорожал/подорожала.

- Всё равно ездить на электричке по ...... удобнее и дешевле.

① сезонный билет ② сезонка

- Спросите о времени вариантами разговорного стиля.

1. Скажите, пожалуйста, ... будет стоять поезд в Курске?

2. Молодой человек, извините, у меня нет часов, вы не скажете, ... ?

3. Простите, вы не знаете, ... открывается вагон-ресторан?

4. Скажите, пожалуйста, ... закрывается камера хранения?

5. Вы случайно не знаете, ... начинает работать буфет на вокзале?

6. Девушка, скажите, пожалуйста, ... будет стоять наш поезд на следующей остановке?

1.13. На вечеринке, на официальном мероприятии

1.13.1. На вечеринке

стилистические синонимы

중립체	구어체
дружеский вечер (친구 모임)	вечеринка
Развлекательное мероприятие (사교 모임)	тусовка
любитель развлекательных мероприятий (회식이나 사교모임을 좋아하는 사람)	тусовщик
Развлекательное мероприятие для сотрудников фирмы (회사의 공식 모임)	корпоратив
весело, забавно (즐거운, 유쾌한)	прикольно(жарг.)
получить удовольствие (매우 만족하다)	оттянуться(жарг.)
отдыхать, веселиться (즐겁게 놀다)	зажигать

ТЕКСТ

1. На **дружеский вечер** пришли студенты из разных стран.

2. - Катя! Приходи на **вечеринку** в субботу в семь.

3. **Развлекательные мероприятия** часто устраивают люди творческих профессий.

4. На **тусовке** собрались известные поп-звёзды.

5. Сергей - большой **любитель развлекательных мероприятий**.

6. - А Олег придёт?
   - Конечно, он известный **тусовщик**.

7. С 90-ч годов в России стало традицией устраивать **развлекательные мероприятия для сотрудников фирмы**.

8. - А в этом году где пройдёт **корпоратив**?
   - Новогодний **корпоратив** на этот раз будет в ресторане 《Прага》.

9. Встреча прошла **весело, с юмором**.

10. - Таня! Хорошо вчера повеселились?
    - Очень! Было **прикольно**.

11. На встрече друзей все **получили удовольствие** от общения и отдохнули.

12. - Как прошла вечеринка?
    - Классно! **Оттянулись** по полной программе.

13. Как всегда, на дискотеке больше всех **веселился** Антон.

14. Денис вчера на дискотеке так **зажигал**!

слова и выражения

мероприятие 처지, 조치, 정책, 사교모임 / конкретные мероприятия 구체적인 대책, технические мероприятия 기술적 조치, провести мероприятие 조치하다 / Фирма занимается обслуживанием торжественных мероприятий

удовольствие 만족 / с. удовлетворение / а. неудовольствие

развлекательный 오락의, 우울한 마음을 풀어주는 / развлекателен, развлекательна

творческий 창조의, 창작의 / с. креативный / а. нетворческий, рутинный, механический

устраивать 설립하다, 개최하다 | **устроить** / устрою, устроишь, устроят / устрой / устроенный

собираться 모이다, 준비하다, ~하려고 하다 / а. расходиться | **собраться** / соберусь, соберёшься, соберутся / соберись, соберитесь

веселиться 즐기다 / веселюсь, веселишься, веселятся / веселись, веселитесь / с. радоваться, развлекаться / а. грустить, печалиться | **по(раз)веселиться**

оттягиваться 연기되다 | **оттянуться** / оттянусь, оттянешься, оттянутся / оттянись, оттянитесь

зажигать 불을 붙이다, 흥분시키다 / с. поджигать / а. гасить, тушить | **зажечь** / зажгу, зажжёшь, зажгут / зажёг, зажгла / зажги / зажжённый

V УПРАЖНЕНИЯ

- Выберите стилистические синонимы. Используйте примеры.

примеры:
прикольно; корпоратив; зажигать; тусовщик; вечеринка; оттянуться; тусовка

① веселиться
② весело, забавно
③ дружеский вечер
④ получить удовольствие
⑤ развлекательное мероприятие
⑥ любитель развлекательных мероприятии
⑦ развлекательное мероприятие для сотрудников

- Выберите вариант, соответствующий стилю, и употребите его в правильной форме.

1. - Андрей, хорошо повеселились вчера?
   - Что за вопрос?! Все ребята ...... по полной программе.
   ① получить удовольствие ② оттянуться

2. - Как прошла встреча однокурсников?
   - Прекрасно, все ....
   ① получить удовольствие ② оттянуться

3. На доске висело объявление : "В субботу 7 марта в студенческой столовой состоится .... , посвящённый (посвящённая) женскому празднику. Приглашаем всех желающих!"
① дружеский вечер ② вечерника

4. - Ну и как было на ...... ?
- Было классно! Я так много танцевала, что не дождусь следующей субботы.
① дружеский вечер ② вечерника

5. - Оля, ты знаешь, многие ребята пришли на вечеринку в карнавальных костюмах.
- ...... ! А какой у тебя был костюм?
① весело ② прикольно.

6. - Аня! Ты знаешь, в арт-кафе часто проходят ...... художников. Я хочу пойти.
- Возьми и меня, я очень люблю такие компании.
① развлекательные мероприятия
② тусовки

7. ...... объединяют людей разных профессий и увлечений. Это одна из форм досуга.
① развлекательные мероприятия
② тусовки

8. - Таня, ты не знаешь, Олег завтра пойдёт в клуб?
- Что за вопрос?! Конечно, пойдёт. Олег - известный ....
① любитель развлекательных мероприятий
② тусовщик

9. - Эх, жаль, что ты не видела, как Андрей ...... вчера на вечеринке! Было здорово!
   - В следующий раз я обязательно пойду с тобой.
   ① веселиться ② зажигать

10. Чтобы ...... на дискотеке, нужно хорошее настроение в этот вечер.
   ① веселиться ② зажигать

11. - Ира, ты специально надела рыжий парик в клубе?
   - А что? По-моему, ...
   ① весело ② прикольно

12. - Ты знаешь, что богатые российские компании проводят ...... за границей?
   - Как я хотела бы там побывать!
   ① Развлекательное мероприятие для сотрудников фирмы
   ② корпоративы

- Давайте почитаем.

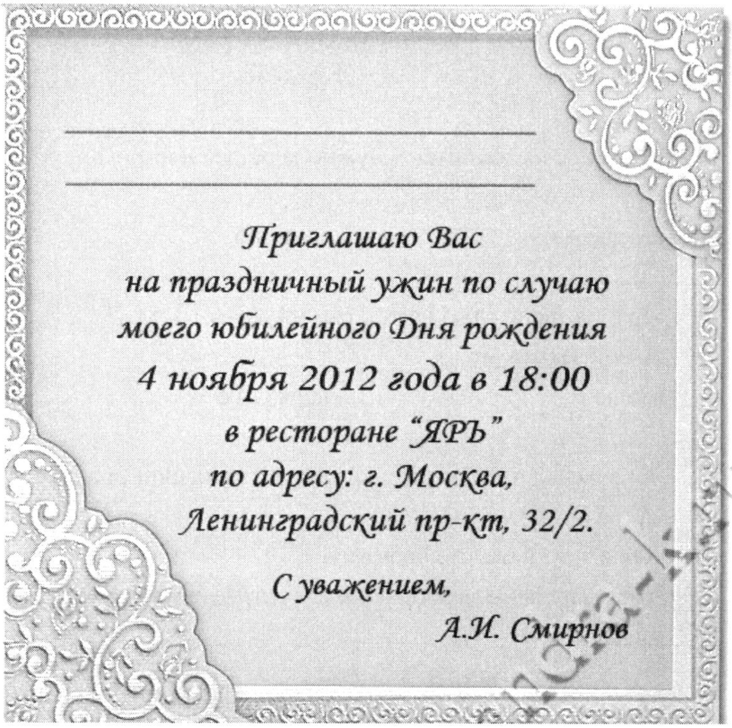

Приглашаю Вас
на праздничный ужин по случаю
моего юбилейного Дня рождения
4 ноября 2012 года в 18:00
в ресторане "ЯРЪ"
по адресу: г. Москва,
Ленинградский пр-кт, 32/2.

С уважением,
А.И. Смирнов

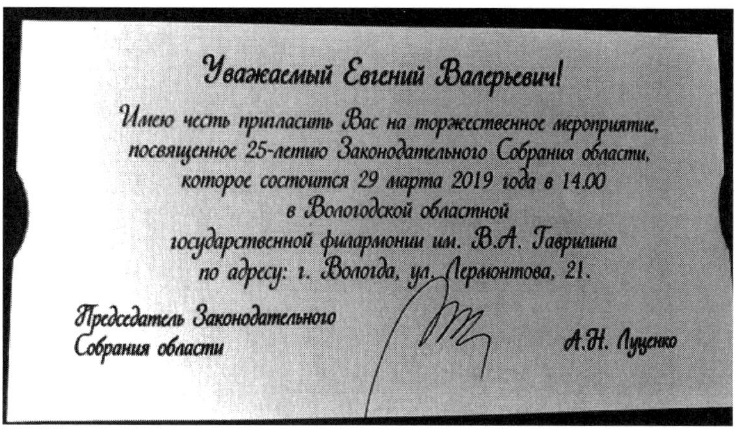

Уважаемый Евгений Валерьевич!

Имею честь пригласить Вас на торжественное мероприятие,
посвященное 25-летию Законодательного Собрания области,
которое состоится 29 марта 2019 года в 14.00
в Вологодской областной
государственной филармонии им. В.А. Гаврилина
по адресу: г. Вологда, ул. Лермонтова, 21.

Председатель Законодательного
Собрания области

А.Н. Луценко

Приглашение
ЦЕНТР ДЕТСКОГО ТВОРЧЕСТВА
ЦДТ
"Дагомыс" г. Сочи
Дорогие учащиеся и родители!
Мы приглашаем Вас на День открытых дверей в Центр детского творчества п. Дагомыс, где вы сможете ознакомиться с работой наших кружков на 2018-2019 уч. год.
Мероприятие пройдёт в пятницу 7-го сентября в 13:00 по адресу п. Дагомыс ул. Гайдара д. 11.

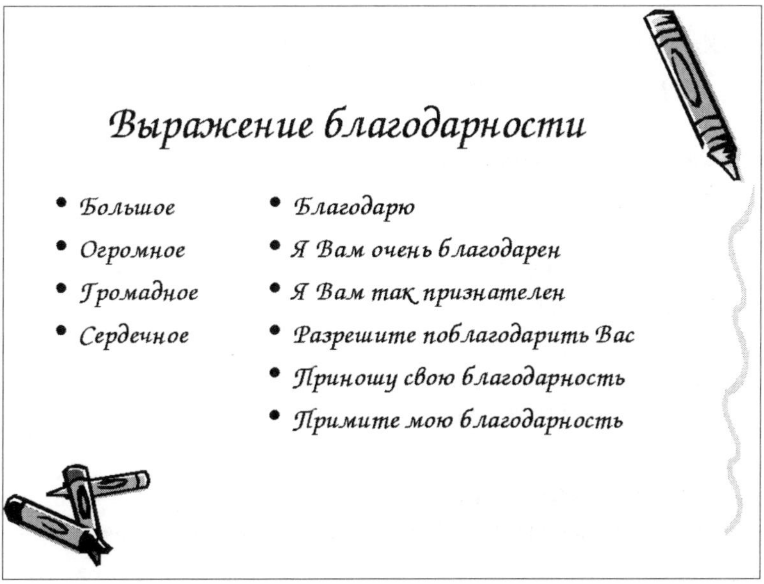
Выражение благодарности
Большое
Огромное
Громадное
Сердечное
Благодарю
Я Вам очень благодарен
Я Вам так признателен
Разрешите поблагодарить Вас
Приношу свою благодарность
Примите мою благодарность

1.13.2. Впечатление о вечеринке, об официальном мероприятии

중립체	구어체
Как прошло мероприятие? (모임은 어땠어요?)	Как тебе? Ну и как?
Очень понравился. (아주 마음에 들었어요.)	Нет слов! Не то слово! Ещё как!
Совсем не понравился. (전혀 마음에 들지 않았어요.)	Полный отстой!
прекрасный, замечательный (탁월한, 훌륭한)	классный, супер, улётный
самый обычный (평범한)	вечеринка как вечеринка
не очень удачный (매우 성공적이지 않은)	так себе, не фонтан

ТЕКСТ

1. - Как прошёл вечер?
   - Хорошо! Всё было так торжественно.

2. - Стас, как тебе вечеринка?
   - Было прикольно!

   - Ну и как выставка?
   - Классно! Супер!

3. - Вечеринка понравилась?
   - Не то слово! / Ещё как!

4. - Вам понравился вечер?
   - Совсем не понравился. Всё было слишком официально.

5. - Тебе понравилась вечеринка?
   - Полный отстой! Там даже музыки приличной не было!

6. - Ну, а как музыка?
   - Супер! Нам повезло.

7. Мы так ждали это мероприятие, а оно оказалось не очень удачным.

8. - Вижу, вечерника тебе не очень понравилась.
   - Да, вечеринка была не фонтан.

слова и выражения

фонтан 분수, 풍부

торжественный 의식의, 장엄한, 성대한 / торжествен, торжественна / с. важный, официальный. величественный. праздничный / а. ёрнический, шутливый / торжественный тон. торжественная одежда / Она покоится стыдливо в красе торжественной своей. (А. С. Пушкин)

приличный 예의 바른, 적당한, 상당한 / с. пристойный. подходящий. порядочный, значительный / а. неприличный, постыдный. неподходящий. ничтожный

улётный *(жарг)*. / с. прекрасный, великолепный, отличный, классный / а. плохой, дурной, негодный

УПРАЖНЕНИЯ

- **Выберите вариант, соответствующий стилю, и употребите его в правильной форме.**

1. - Андрей, хорошо повеселились вчера?
   - .... Было много незнакомых, из нашей компании был я одни.
   ① Не очень удачно ② Так себе.

2. Встреча прошла ...... , не все вопросы мы смогли решить.
   ① Не очень удачно ② Так себе.

3. В газетах сообщалось, что “встреча прошла в тёплой и дружескиой обстановке”. А это значит, что она была ....
   ① самый обычный ② встреча как встреча.

4. - Ира, ну и как встреча одноклассников? Многие пришли в ресторан?
   - .... В ресторан пришло всего человек десять.
   ① Самый обычный ② Встреча как встреча.

5. - ...... презентация?
   - Прекрасно! Всё было на самом высоком уровне.
   ① Как прошёл ② Как тебе

7. Всем присутствующим ...... выступление президента компании. Его встретили аплодисментами.
   ① очень понравилось ② не то слово.

8. - Оля! Ребятам понравился вечер?

- ....

① очень понравился ② не то слово.

9. Вечер ...... , торжественная часть была слишком затянута.

① совсем не понравился ② полный отстой!

10. - Алёна, привет! Вечеринка понравилась?

- .... Там даже не с кем было потанцевать.

① Совсем не понравился ② Полный отстой!

- Давайте почитаем.

Уважаемые дамы и господа!

С большой радостью и гордостью приветствую вас на открытии нашего нового автомобильного предприятия в России. Специально для производства автомобиля Solaris под Санкт-Петербургом построен завод Hyundai, который стал шестым иностранным производством Hyundai Motor Company после США, Китая, Индии, Турции и Чехии.

В настоящее время корейские автомобили получили широкое распространение на российском рынке.

Сегодня мы с вами присутствуем при открытии нового производственного предприятия Hyundai Motor Company. Это важное событие в развитии экономического сотрудничества между нашими странами - Россией и Южной Кореей!

Дамы и господа, сердечно благодарю вас за внимание и объявляю новый завод открытым!

2. 공식체와 중립체

2.1. В общежитии и квартире

СТИЛИСТИЧЕСКИЕ СИНОНИМЫ

공식체	중립체
соблюдать тишину (조용히 하다)	не шуметь
места общего пользования (공동 사용 구역)	общая кухня, ванная, туалет
поддерживать чистоту и порядок (정리정돈 상태를 유지하다)	убирать, убираться
запрещено, запрещается (금지되다)	нельзя
посторонние лица (외부인)	посторонние
- в соответствии с правилами - согласно правилам (규칙에 의거하여)	по правилам
следует + инф. (... 해야 한다)	нужно, надо + инф.
арендовать (임차하다)	снимать
сдавать в аренду (임대하다)	сдавать

2.2. Название блюд

стилистические синонимы[69)]

공식체	중립체
первое блюдо (수프, 샐러드와 같은 가벼운 음식) второе блюдо (고기나 생선으로 만든 따뜻한 주요리) третье блюдо (후식)	первое второе третье
горячее блюдо (뜨거운 음식) мясное блюдо (고기 요리) рыбное блюдо (생선 요리) овощное блюдо (야채 요리) мучное кушанье (밀가루 음식) сладкое кушанье (단 음식)	горячее мясное рыбное овощное мучное сладкое
спиртные напитки (알콜 음료)	спиртное
одна кружка пива (맥주 한 잔) две кружки пива (맥주 두 잔) пять кружек пива (맥주 다섯 잔)	одно пиво два пива пять пива
один стакан сока/воды (물 한잔) два стакана (물 두 잔) пять стаканов (물 다섯 잔)	один сок два сока пять соков[70)]

69) 러시아 음식과 음료의 명칭과 관련한 비교이다. 러시아어는 형용사와 명사로 이루어진 어구에서 형용사만을 사용하여 명사처럼 쓰는 경우가 다수 있다. 제시된 비교에서 주로 이와 같은 현상이 일어나고 있다. 형용사와 명사의 조합으로 이루어진 어구는 주로 공식체에서 쓰이는 반면, 형용사에서 파생된 명사형의 어휘들은 중립체로 분류할 수 있으며, 구어체에서도 많이 사용된다.

70) 'сок'이 남성명사이며 수사 '5(пять)' 다음에 오는 경우 복수 생격이 되어야 하는 것은 문법상 바른 표현이라 할 수 있다. 그러나 구어체에서는 문법 규칙에 대한 유연성이 특징이기도 하다. 일상적 소통에서 5개의 음료를 주문하는 경우, 보통 'сок'의 복수 생격을 쓰지 않고 단순히 'пять сок'이라고 흔히 표현하기도 한다.

одна порция (салата, борща) (1인분) две порции (2인분) пять порций (5인분)	один (салат, борщ) два (салата, борща) пять (салатов, борщей)

ТЕКСТ

1. Вам принести **первое блюдо**?

2. Что сегодня на **первое**?

3. В меню столовой **второе блюдо** есть мясное, а есть рыбное.

4. Что возьмём на **второе**?

5. В качестве **третьего блюда** в столовой предлагают компот, чай, кофе, пирожные.

6. А на **третье**[71] **у нас - чай с тортом**.

7. Из **горячих блюд** сегодня гуляш и жареная рыба.

8. Я так замёрз, что обязательно возьму на обед **горячее**.

9. В ресторане предлагают много **мясных блюд**.

10. Аня не ест **мясное**, она вегетарианка.

11. В этом ресторане преобладают **рыбные блюда**.

---

71) 일상에서는 'на третье'보다 'на десерт'가 더 자주 쓰인다.

12. Пожалуй, сегодня я закажу на обед **рыбу**.

13. **Обощные блюда** содержат много витаминов.

14. Она всегда выбирает в кафе не мясное, а **овощное**.

15. На десерт предлагают много **мучных кушаний**: печенье, пирожки, торты.

16. Торт мне даже не предлагайте, я не ем **мучного**, от него поправляются.

17. В магазине "Восточные сладости" продают разнообразные **сладкие кушанья**.

18. Я думаю, что после не очень вкусных рыбных котлет **сладкое** нам не помешает.

19. В меню ресторана указаны разные **спиртные напитки**: коньяки, вина, пиво.

20. - Предлагаю выпить по бокалу вина.
    - Спасибо, я не пью **спиртное**.

21. Пожалуйста, принесите **две порции шашлыка**.

22. Пожалуй, я возьму **два шашлыка**.

23. Пожалуйста, принесите **три кружки пива**.

24. **Три пива**, пожалуйста.

25. Предлагаю взять **три стакана сока**.

26. **Три сока**, пожалуйста.

слова и выражения

качество 품질 / качества / с. свойство, черта / а. количество / В качестве чего ~으로서

торт 파이, 케이크 / торты / Торт, что мы испекли, произвёл на гостей большое впечатление.

вегетарианец (вегетарианка) 채식주의자 / вегетарианцы / с. травоядный, добряк / а. мясоед, хищник

кушанье 식품, 요리 / кушанья / с. еда, блюдо, кушань (диал.)

печенье 구워서 만든 과자 / печенья / с. выпекание

пирожок (пирог) 작은 파이, 고기만두 / пирожки / На столе стояли пироги: с мясом, с капустой и с черникой. (В. С. Токарева. Своя правда)

сладость 단 것, 단 맛 / сладости / с. сласть, наслаждение / а. горечь, кислота огорчение

порция 일정량, 1인분의 요리 / порции
бокал 발이 달린 잔 / бокалы
кружка 손잡이가 달린 컵 / кружки

горячий 뜨거운, 열정적인 / горяч, горяча / с. жаркий, страстный, положительный / а. холодный, чёрствый, отрицательный

жареный 구운 / жарен, жарена / жареный гусь. жареное мясо

мучной 밀가루의

разнообразный 다양한 / разнообразен, разнообразна

приносить 가지고 오다 / приношу, приносишь, приносят / приноси / принесенный / Все согласятся, что если наука не регулируется моралью, то она может приносить и зло людям. (Е. А. Климов. Психология в 21 веке) | **принести** / принесу, принесёшь, принесут / принёс, принесла / принеси / принесённый

предлагать 신청하다, 제안하다 / предлагай | **предложить** / предложу, предложишь, предложат / предложи / предложенный

преобладать(불완) 우세하다 / преобладай / с. господствовать, первенствовать, превосходить

заказывать 예약하다 / заказывай | **заказать** / закажу, закажешь, закажут / закажи / заказанный

содержать(불완) 함유하다, 부양하다 / содержу, содержишь, содержат / содержи / содержанный

поправляться 살찌다, 잘못을 고치다 / поправляйся, поправляйтесь / с. выздоравливать, крепнуть, свежеть. толстеть. исправляться / а. заболевать. худеть | **поправиться** / поправлюсь, поправишься, поправятся / поправься, поправьтесь

продавать 팔다 / продаю, продаёшь, продают / продавай / с. сбывать, торговать / а. покупать | **продать** / продам, продашь, продадут / продай / проданный

мешать (кому-чему) 방해하다 / мешай / с. препятствовать, затруднять / а. помогать, содействовать | **помешать**

указывать 지시하다, 가리키다 / указывай / с. показывать / Он молча указал пальцем на доску. Дорожный знак указывает на близость поворота. | **указать** / укажу, укажешь, укажут / укажи / указанный

пить 마시다 / пью, пьёшь, пьют / пей / пьющий, питый / В жару лучше пить чай, чем воду. Мне доктора запретили пить. | **выпить** / выпитый

брать 잡다, 가지다 / беру, берёшь, берут / бери / Он аккуратно брал с полки книги и складывал в коробку. Сыр брать будете? с. хватать, доставать. покупать. получать / а. бросать, отдавать. давать | **взять** / возьму, возьмёшь, возьмут / возьми / взятый

обязательно 반드시 / с. непременно, безусловно. необходимо / а. необязательно

V УПРАЖНЕНИЯ

- **Замените выделенные словосочетания, характерные для официально-делового стиля, краткими вариантами, характерными для нейтрального стиля.**

1. - Что предлагают нам сегодня в качестве **первого блюда**?
   - Грибной суп, борщ и щи.

2. - Пожалуй, закажем **две порции салата**.
   - В этом ресторане готовят вкусный салат с креветками.

3. - Пожалуйста, принесите **три порции бифштекса**.
   - Одну минуту, сейчас принесу.

4. - **Три стакана чая** с лимоном, пожалуйста.
   - Вот, пожалуйста.

5. - Принесите **два стакана минеральной воды** без газа.
   - Вода без газа закончилась. Принести минеральной воды с газом?

6. - На **второе блюдо** я закажу жареную рыбу с картофелем.
   - А я закажу свиную отбивную.

7. - Моё любимое **третье блюдо** в студенческой столовой - компот.
   - А я часто беру кофе или чай с лимоном.

8. - Для начала возьмём **три бутылки пива** и солёные орешки.
   - А потом шашлыки.

9. - Что возьмём из **горячих блюд**?
   - Я, как обычно, какое-то рыбное блюдо.

10. - При таком изобилии блюд просто теряешься, что взять: **мясное блюдо**, **рыбное блюдо** или **овощное блюдо**.
    - Давай возьмём мясное блюдо, в этом ресторане прекрасный повар.

11. С крепким кофе так хочется кусочек торта, но, пожалуй, следует воздержаться: от **мучных блюд** быстро поправляются!

12. Я читала, что сладкие кушанья помогают вырабатывать в организме гормон радости - серотонин. Поэтому иногда можно порадовать себя **сладким кушаньем**: конфетами, шоколадом, халвой.

- Давайте почитаем!

Марина Петровна пришла в голову счастливая мысль. Она решительно поднялась на второй этаж, где располагался ресторан, и выбрала место у окна с видом на реку.
Время было ранее, ресторан недавно открылся, и официант подошёл быстро.
- Хочу рыбы! - сказала Марина Петровна.
- Рыбы нет! - ответил официант.
- Ресторан на реке! - напомнила ему Марина Петровна.
- Что же нам, самим ловить? - официант был невозмутим.
- А что есть? - спросила Марина Петровна.
- Гуляш с макаронами.
Марина Петровна поморщилась.
- А икра есть?

- Икра зернистая.
- Понятно. Тащите, пожалуйста, три порции, чтобы раз в жизни поесть икры как следует[72].
- Водочки?
- Лимонад!
- Кто же ест икру с лимонадом?
- Я! - ответила Марина Петровна. - Я ем икру и запиваю лимонадом! Это моё право! И ещё принесите пирожное.

И тогда за соседним столиком захохотал мужчина.
- У вас боевое настроение! Вы хотите есть икру всем чертям назло.
- Правильно! - Ответила Марина Петровна. - Вы психолог.

(По повести Э. Брагинского “Суета сует!”)

- Давайте почитаем!

---

72) “как следует”는 모종의 행위나 상황이 정해진 대로 일어나야 한다는 의미이다. 즉, 원칙이나 규칙, 혹은 상황이나 경우에 맞게 행동해야 할 때, 또는 필요성을 표현할 때 사용한다. 하지만 여기서 이 어구의 의미는 ‘많이’, ‘먹을 수 있는 만큼 마음껏’ 먹겠다는 화자의 의지를 표현한 것이다.

ВЕГЕТАРИАНСКОЕ МЕНЮ

САЛАТЫ

	Выход	Цена
Рубин (свекла, капуста, морковь, маринад, семечки подсолнечника, заправка)	1/180	140 р.
Афинский (салат, помидор, огурец, перец, лук, сухарики с чесноком, заправка, маслины)	1/200	200 р.
Оливье веган (шампиньоны, картофель, огурец маринованный, морковь, горошек, лук, кунжут, масло раст.)	1/200	220 р.

ПЕРВЫЕ БЛЮДА

	Выход	Цена
Лапша грибная (грибы, лапша, лук репка, зелень)	1/450	140 р.
Супчик «Минестроне» (капуста кит., брокколи, зел. гор., морковь, зелень)	1/450	180 р.
Солянка грибная	1/450	220 р.

ВТОРЫЕ БЛЮДА

	Выход	Цена
Картофель жаренный с грибами (картофель, грибы, лук, зелень)	1/300	250 р.
Вареники (картошка, грибы, лук)	1/200	150 р.
Лапша соба с овощами	1/250	180 р.
Плов с грибами	1/210	220 р.
Голубцы с овощами и рисом	1/350	170 р.
Картофель фри	1/100	60 р.
Лапша соба с кальмарами (лапша, кальмары, перец болг., соуз бальз., кунжут)	1/250	250 р.

ДЕСЕРТ

	Выход	Цена
Крейзи-кейк (постный шоколадный десерт)	1/100	150 р.

Директор

ЛАНСЕЛОТ
КАФЕ • БАР

2.3. В фирме, в компании, на предприятии

стилистические синонимы

공식체	중립체
вакансия (구인)	свободное служебное место
деятельность (일)	работа
учредитель (설립자)	тот, кто создал (фирму, компанию)
работодатель (고용인)	тот, кто предлагает работу
быть востребованным (요구되는 / 필요한)	быть нужным
являться чем (... 이다)	это - (что)

ТЕКСТ

1. В фирме имеются вакансии.

2. - Андрей, приходи работать в нашу фирму, есть свободное место курьера.
   - Я подумаю.

3. Эти иностранная фирма начала свою деятельность в России пять лет назад.

4. - Работа этой фирмы не вредит природе?
   - Нисколько. В прошлом году там поставили новое оборудование.

5. Учредителем фирмы является государство.

6. - А кто создал эту фирму?
- Её генеральный директор.

7. Многие работодатели предпочитают сотрудников, имеющих опыт работы.

8. - Алёша, давай устроимся на работу!
- А кто предлагает работу?
- Известная строительная компания.

9. Кто сейчас востребован на рынке труда?

10. Заводу нужны профессиональные рабочие.

11. "Юрист" является адвокатской фирмой.

12. "Юрист" - это адвокатская фирма.

слова и выражения

вакансия 공석, 결원

курьер 배달원

деятельность 활동, 일 / с. занятие, дело. активность / а. бездеятельность, бездействие

оборудование 장비, 설비 / с. оснащение. инструментарий / а. демонтаж, расформирование

учредитель 창립자 / с. основатель

свободный 자유로운 / свободен, свободна / с. вольный, неограниченный. беспрепятственный. вакантный / а. ограниченный, затруднённый. занятый, полный / свободное дыхание. свободный доступ. свободное место в вагоне.

генеральный 주요한, 일반적인 / генеральный секретарь 서기장, генеральный директор 이사(장), 총감독

профессиональный 직업의, 프로의 / с. квалификационный, квалифицированный / а. любительский

адвокатский 변호사의

иметь(불완) 갖다, 지니다 / имею, имеешь, имеют / имей / с. обладать, владеть. хранить

вредить 해를 끼치다 / врежу, вредишь, вредят / вреди / а. помогать | **повредить** / повреждённый

ставить 놓다, 세우다, 설비하다, 평가하다 / ставлю, ставишь, ставят / ставь / ставленный / с. поднимать / а. снимать, убирать | **поставить** / поставленный

создавать 창조하다, 조성하다 / создаю, создаёшь, создают / создавал / создавай / с. изготовлять, делать, производить, творить / а. уничтожать, ликвидировать | **создать** / создам, создашь, создадут / создай / созданный

предпочитать (кого-что мому-чему) ~의 쪽을 택하다, ~의 쪽을 더 좋아하다 / с. считать за благо / Я предпочитаю вино пиву. | **предпочесть** / предпочту, предпочтёшь, предпочтут / предпочёл, предпочла / предпочти / предпочтённый

устраиваться 정리되다, 안정되다 | **устроиться** / устроюсь, устроишься, устроятся / устройся, устройтесь

востребовать(완료) 요구하다, 청구하다 / востребую, востребуешь, востребуют / востребованный

УПРАЖНЕНИЯ

- Соедините стилистические синонимы.

деятельность	незанятое служебное место
работодатель	нужен
вакансия	тот, кто создал
учредитель	работа
востребован	тот, кто предлагает работу

- Выберите вариант, соответствующий стилю, и употребите его в правильной форме.

1. Многие из ...... предпочитают брать на работу мигрантов, приезжих из других стран.
   ① тот, кто предлагает работу ② работодатели

2. Новая фирма предлагает ...... менеджера по продажам и менеджера по рекламе.
   ① свободное служебное место ② вакансия

3. ...... крупной торговой фирмы является группа российских предпринимателей.
   ① создатель ② учредитель

4. Компания расширяется, открывает филиалы в других городах России, поэтому объявляет об открытии нескольких новых ....
   ① незанятое служебное место ② вакансия

5. - Антон, компания "Аэроэкспресс" ...... ?
   - Да, конечно.
   ① является транспортной компанией
   ② это транспортная компания

- Замените предложения как пример.

보기:	"Сапожок" - это торговая фирма. "Сапожок" является торговой фирмой.

1. "Ингосстрах" - это страховая компания.

2. "Твой мир" - это туристическая фирма.

3. "Здоровье" - Медицинская фирма.

4. "Весна" - это швейное объединение.

5. "Авиасервис" - это совместное предприятие.

6. "Наш дом" - это строительная компания

2.4. Заказ билетов

стилистические синонимы

중립체	공식체
отменять / отменить	аннулировать
приносить / принести	доставлять / доставить

ТЕКСТ

1. Если у нас изменятся сроки поездки, мы сможем отменить заказ.

2. Поступила заявка аннулировать заказ № 32 железнодорожных билетов в Минск.

3. Мы заказали билеты на поезд, их принесут завтра нам домой.

4. По желанию заказчика билеты на поезд или самолёт могут доставить по указанному адресу.

слова и выражения

заявка 신청, 신청서 / с. заявление / заявка на получение льгот. заявка на участие в конкурсе.

железнодорожный 철도의

изменяться 바뀌다, 변화하다 / с. меняться, преобразовываться / а. сохраняться | **измениться** / изменюсь, изменишься, изменятся / изменись / Вечером шёл снег, и грязно-тусклый осенний пейзаж изменился прямо на глазах, став ярче и свежее.

аннулировать(완/불완) 무효로 하다, 취소하다, 폐기하다 / аннулирую, аннулируешь, аннулируют / аннулируй / аннулированный / Их воля была аннулирована и совершенно подчинена слову учителя. (В. М. Бехтерев, Внушение и его роль в общественной жизни)

доставлять 배달하다, 공급하다 | **доставить** / доставлю, доставишь, доставят / доставь / доставленный

УПРАЖНЕНИЯ

- **Выберите вариант, соответствующий стилю, и употребите его в правильной форме.**

1. Денис, если мы не поедем в Питер, нужно срочно ...... заказ на билеты.

   ① аннулировать ② отменить

2. Заказанные железнодорожные билеты вам ...... в течение дня по указанному адресу.

   ① доставить ② принести

3. Заказ № 37 на железнодорожные билеты в Казань ...... по просьбе заказчика.

   ① аннулировать ② отменить

3. 공식체와 구어체

3.1. Обозначение времени

стилистические синонимы

시각	공식체	구어체[73]
13.00	тринадцать часов ровно	ровно час
13.05	тринадцать часов пять минут	пять минут второго
13.50	тринадцать часов пятьдесят минут	без десяти два
14.00	четырнадцать часов ровно	два часа дня
14.15	четырнадцать часов пятнадцать минут	пятнадцать минут третьего четверть третьего
14.30	четырнадцать часов тридцать минут	половина третьего полтретьего
14.45	четырнадцать часов сорок пять минут	без пятнадцати три без четверти три

73) 시각을 표현하는 또 다른 방법으로는 시각을 나타내는 각각의 숫자를 그대로 쓰거나 말하는 방법도 있다. 위의 표에 제시된 시각의 경우, 'тринадцать ноль-ноль, тринадцать ноль пять, тринадцать пятьдесят, четырнадцать ноль-ноль, четырнадцать пятнадцать, четырнадцать тридцать, четырнадцать сорок пять' 등으로 표현할 수 있다. 주로 디지털 숫자로 보여주는 시계나 모바일폰에 나타난 시각을 읽는 방식인데 이와 같은 표기방식을 '전자식'(электронный)이라고 한다. 물론 구어체에서도 이와같이 표현할 수 있다.

ТЕКСТ

1. -Андрей, мы не опоздаем на поезд? Скажи, сколько сейчас времени?
   - Не волнуйся, сейчас без четверти пять.

2. Внимание встречающих!
   Прослушайте объявление. Прибытие поезда номер 7 "Курск-Москва" задерживается на пятнадцать минут.

3. По радио объявили, что поезд из Минска прибывает точно по расписанию в девять часов тридцать минут.

4. - Простите, вы не скажете, сколько сейчас времени?
   - Скажу, сейчас без двадцати два.

5. Уважаемые пассажиры!
   Прослушайте объявление. Наш поезд прибудет в Москву с опозданием на тридцать минут.

слова и выражения

расписание 시간표, 예정표

волноваться(불완) 파도 치다, 걱정하다, 동요하다 / волнуюсь, волнуешься, волнуются / волнуйся, волнуйтесь / Море волнуется. Я так волнуюсь за тебя!

задерживаться 지연되다, 정체하다, 지체하다 | **задержаться** / задержусь, задержишься, задержатся / задержись, задержитесь / Он задержался на работе и опоздал на автобус.

прибывать 도착하다, 입하하다, 증가하다 / с. являться, приходить / а. убывать, отправляться, уходить. отбывать | **прибыть** / прибуду, прибудешь, прибудут / прибудь / А хорош шоколад-то: как поешь, сразу силы прибудет. (И. А. Ефремов, Путями старых горняков)

уважать(불완) 존경하다, 고려하다 / с. почитать, благоговеть, боготворить / а. презирать | **уважить** / Николай хотел отказаться, но не уважить старого друга не мог.

V УПРАЖНЕНИЯ

- Посмотрите расписание. Выучите слова и выражения.

Расписание поездов Москва–Минск и стоимость билетов представлены в таблице.

Номер поезда	Время отправления	Время прибытия (на следующие сутки)	Стоимость билета (руб.)
1	14:09	00:28	3570
2	14:19	00:02	7140
3	18:37	04:14	3570
4	19:24	06:10	5360
5	21:47	06:19	6660
6	21:53	07:25	7140
7	22:25	08:12	3570

Расписание движения поезда

Поезд: 085Ч МОСКВА КИЕВСКАЯ - КЛИМОВ

Отправление: 07.05.2019 22:44 (Вт, 7 май)

Прибытие: 08.05.2019 10:34

Регулярность курсирования: Ежедневно

Маршрут следования поезда				
Основной маршрут (МОСКВА КИЕВСКАЯ - КЛИМОВ)				
Станция	Время прибытия	Время отправления	Время стоянки	Расстояние
МОСКВА КИЕВСКАЯ		22:44	0 мин.	0
БЕКАСОВО 1	23:41	23:43	2 мин.	62
МАЛОЯРОСЛАВЕЦ	00:26	00:28	2 мин.	121
КАЛУГА 2	01:13	01:27	14 мин.	182
ВОРОТЫНСК	01:38	01:40	2 мин.	192
СУХИНИЧИ-ГЛАВНЫЕ	02:31	03:00	29 мин.	261
БРЯНСК ОРЛОВСКИЙ	04:28	05:03	35 мин.	387
БРЯНСК-ЛЬГОВСКИЙ	05:16	05:18	2 мин.	395
ВЫГОНИЧИ	05:44	05:50	6 мин.	423
ПОЧЕП	06:31	06:39	8 мин.	471
УНЕЧА	07:37	07:57	20 мин.	526
КЛИНЦЫ	08:54	09:12	18 мин.	559
НОВОЗЫБКОВ	09:49	10:04	15 мин.	595
КЛИМОВ	10:34		0 мин.	620

Информация по вагонам поезда	
Номер вагона	Тип вагона
01	Плацкартный 3Л
02	Плацкартный 3Л
03	Плацкартный 3Л
04	Вагон с местами для сидения 2С
05	Плацкартный 3Л
06	Вагон с местами для сидения 2Ж
07	Плацкартный 3У
08	Плацкартный 3Л
09	Плацкартный 3Л
10	Плацкартный 3Л
11	Плацкартный 3Л
12	Купейный 2К (ИНВ)
13	Купейный 2У
14	Купейный 2Л
15	Купейный 2Л (М/Ж)
16	Купейный 2Л
17	Купейный 2Л
18	Купейный 2Л
19	СВ 1У (М/Ж)
25	Мягкий 1А (УСЛ)

- Давайте почитаем.

Поезд “Сапсан” - это современный высокоскоростной поезд Российских железных дорог(РЖД), который с декабря 2009 г. используется на маршруте Моска - Санкт-Петербург - Москва. Скорость движения поезда составляет до 240км/ч. Росстояние между двумя российскими столицами поезд покрывает всего за 4 часа. Поезда “Сапсан” курсируют между Москвой и Санкт-Петербургом круглогодично несколько раз в день утром, днём и вечером, отправляясь практически одновременно навстречу друг другу. Российские железные дороги используют гибкую систему тарифов на проезд в поезде “Сапсан”. Стоимость билетов отличается в зависимости от дня недели и времени поездки. Минимальная стоимость билетов на “Сапсан” составляет 999 рублей в одну сторону. Купить билет на скоростной поезд “Сапсан” можно в железнодорожных кассах или по Интернету онлайн. Количество мест по дешёвым тарифам ограничено. Чем раньше совершается бронирование, тем больше шансов купить билет дешевле.

Каждый высокоскоростной поезд вмещает 506 пассажиров и состоит из 10 вагонов, включающих перый, бизнес и экономические классы обслуживания, а также вагон-бистро.

4. 공식체, 중립체, 구어체

4.1. В музее, на выставке, на экскурсии

стилистические синонимы

공식체	중립체	구어체
	Музей изобразительных искусств имени А.С.Пушкина(푸시킨 박물관)	Пушкинский (музей)
	Третьяковская галерея (트레지야콥스키 갤러리)	Третьяковка
посетить / посещать (방문하다)	пойти / сходить	
рекомендовать (추천하다)	советовать	
	советую + инф. (조언하다)	стоит + инф.
	взять с собой (데리고 가다/ 가지고 가다)	прихватить
тур[74] (여행)	поездка	
	за границей (외국으로)	за бугром
гид (안내자)	экскурсовод	
экскурсант (관람자)	участник экскурсии	
экспонат (전시품)	предмет (для осмотра)	
	фотография, фото (사진)	фотка
	много людей (많은 인파)	яблоку негде упасть

---

74) 'туристический'의 줄임말이기도 하다. 줄임말과 조합된 어휘로 '여행' (турпоездка). '여행사' (турагентство/турфирма) 등이 있다.

ТЕКСТ

1. Музей изобразительных искусств имени А.С. Пушкина славится своей коллекцией ходожников-импрессионистов.

2. Ира, пойдём в Пушкинский. Там сейчас проходит выставка картин голландских ходожников.

3. Третьяковская галерея - самый известный музей русской живописи.

4. Каждый, кто приезжает в Москву, мечтает побывать в Третьяковке.

5. Советую вам поехать в старинный город Суздаль.

6. В старинный город Суздаль стоит поехать.

7. Извините, можно взять с собой на экскурсию подругу? Она студентка другого университета.

8. Мы с друзьями пойдём на выставку, я хочу ещё прихватить младшего брата-школьника.

9. В наше время многие туристы из России путешествуют за границей.

10. Без знания иностранного языка путешествовать одному за бугром немножко сложно.

11. Однодневный автобусный тур в Суздаль - это очень утомительно.

12. - Как прошла поездка?
    - Было здорово, хотя все очень устали.

13. Гид был очень знающий, он мог ответить на любой вопрос.

14. - Оля, как много зависит от экскурсовода.
    - Согласна с тобой на 100%.

15. Группа состояла из тридцати экскурсантов.

16. - Сколько было участников экскурсии на этот раз?
    - Полный автобус!

17. В музее-усадьбе Льва Толстого в Москве в Хамовниках все экспонаты находятся в прекрасной сохранности.

18. - Ася, что вы видели в музее?
    - Там много предметов одежды и быта писателя, разные издания его книг.

19. На фотографиях запечатлены самые интересные моменты путешествия.

20. Игорь, приходи в гости. Я столько фоток привёз из Италии!

21. На выставке было много людей.

22. - Много людей пришло на выставку?
    - Яблоку негде было упасть.

слова и выражения

коллекция 수집, 컬렉션 / с. собрание
импрессионист 인상주의자

живопись 회화 / акварельная ~ 수채화, пейзажная ~ 풍경화, стенная ~ 벽화

изобразительный 묘사의, 표현의 / изобразителен, изобразительна

утомительный 힘들게 하는, 귀찮은, 지겨운 / утомителен, утомительна / с. трудный, обременительный. надоедливый / а. легкий, неутомительный. оживлённый, интересный

славиться(불완) 유명하다, 이름이 있다 / славлюсь, славишься, славятся / славься, славьтесь

мечтать о ком-чём (불완) 염원하다, 꿈꾸다 / с. фантазировать. воображать. вожделеть

советовать 조언하다, 충고하다 / советую, советуешь, советуют / советовал / советуй / с. рекомендовать | **посоветовать**

прихватывать 데리고 가다 | **прихватить** / прихвачу, прихватишь, прихватят / прихвати / прихваченный

путешествовать 여행하다 / путешествую, путешествуешь, путешествуют / путешествуй

запечатлевать 표현하다, 묘사하다, 새기다 | **запечатлеть** / запечатлённый

привозить 가져오다 / привожу, привозишь, привозят / привози / а. увозить | **привезти** / привезу, привезёшь, привезут / привёз, привезла / привези / привезённый

пасть 떨어지다, 내리다, 쇠약해지다 / паду, падёшь, падут / пади | **упасть**

УПРАЖНЕНИЯ

- Соедините стилистические синонимы.

фотография	Третьяковка
советую побывать	за бугром
взять с собой	фотка
много людей	Пушкинский музей
Третьяковская галерея	яблоку негде упасть
Музей имени А.С.Пушкина	стоит побывать
посетить	экскурсовод
тур	предметы для осмотра
экспонаты	пойти
рекомендовать	предмет в музее
гид	советовать
экспозиция	поездка

- Выберите вариант, соответствующий стилю, и употребите его в правильной форме.

1. В ...... традиционно проводятся экскурсии для школьников.
   ① Музей изобразительных искусств имени А.С. Пушкина
   ② Пушкинский

2. - Ребята! Предлагаю пойти в ....
   - Ну что ж, в ...... так в ....
   ① Музей изобразительных искусств имени А.С.Пушкина
   ② Пушкинский

3. - Давайте поедем в ...... пораньше, чтобы не стоять в очереди.
   - Правильно, ведь в ...... всегда очередь.
   ① Третьяковская галерея ② Третьяковка

4. Основателем ...... был известный купец П.М. Третьяков, который собирал картины русских художников и в 1856 г. передал свою коллекцию картин в дар городу Москве.
   ① Третьяковская галерея ② Третьяковка

5. Все, кто побывал на выставке, ... обязательно её посетить.
   ① советовать ② стоит

6. - Олег! Ты ещё не был на фотовыставке в Доме журналиста?! Вот где ...... побывать!
   - Я как раз собираюсь пойти туда в субботу.
   ① советовать ② стоит

7. Ко мне в гости приехали родители, а в воскресенье будет экскурсия в Сергиев Посад. Я хочу их ...... на экскурсию, им будет интересно.
   ① взять с собой ② прихватить

8. - Олег! На экскурсию мы выезжаем очень рано, позавтракать не успеем. Что делать?
   - Пожалуй, нужно ...... бутерброды. В автобусе перекусим, ведь ехать почти три часа.

① взять с собой ② прихватить

9. Из-за банкротства турфирмы у российских туристов, отдыхавших ....., позникли трудности.

① за границей ② за бугром

10. - Стас! Что скажешь о жизни ...... ? Ведь ты прожил там пять лет.
   - Если у тебя нет работы, то жизнь ...... совсем не такая сладкая, как думают.

① за границей ② за бугром

11. - Антон, откуда столько классных ...... ?
   - Ты разве не знаешь?! Я же был на Алтае.

① фотография ② фотка

12. В столице проходит выставка ...... известного фотожурналиста.

① фотография ② фотка

13. - Катя! Ты была на выставке Серова?
   - Да, четыре часа отстояла в очереди. Народу было - ....

① много людей ② яблоку негде упасть

14. По сообщениям прессы, выставка, посвящённая творчеству художника Серова, вызвала небывалый интерес у москвичей и гостей столицы. Там было ....

① много людей ② яблоку негде упасть

15. Антон, неужели ты не был в Третьяковке? Как это - жить в Москве и ни разу не ...... в Третьяковку?

① посетить ② сходить

16. В лицее установилась традиция ...... музеи и выставки во время школьных каникул.
① посетить ② сходить

17. - Ребята, всем, кто ещё не был на выставке художника Кандинского, я ...... на ней побывать.
- А мы как раз собираемся пойти туда в субботу.
① рекомендовать ② советовать

18. Культурная афиша российской столицы ...... для москвичей и гостей столицы посещение следующих выставок.
① рекомендовать ② советовать

19. - Аня, привет! Ты ведь ездила в Суздаль.
Ну и как ...... ?
- Отлично! Было весело и интересно.
① тур ② поездка

20. Все туроператоры отмечают, что после резкого снижения курса рубля ...... в Европу уже не так популярны среди россиян, как раньше.
① тур ② поездка

21. В сопровождении ...... группа туристов осмотрела достопримечательности музея-усадьбы великого русского писателя.
① гид ② экскурсовод

22. - Ира, где ты собираешься провести летние каникулы?
- Весь август я буду подрабатывать ...... в музее-заповеднике Пушкина "Михайловское".
① гид ② экскурсовод

23. Школьники, пришедшие в музей, прочитали объявление:
"...... трогать запрещено"
① экспонаты ② предметы

24. - Коля, что ты делаешь? В музее ничего трогать нельзя! Это всё старинные ....
- Да я только одним пальцем дотронулся до меча!
① экспонаты ② предметы

- Давайте почитаем.

1. - А центр города вы уже осмотрели?[75)]
- Да, осмотрели.
- А в Кремле были?
- Конечно, были.

2. - А где вы гуляли? По набережной и по Красной площади?
- Не только. Мы побывали на Тверской улице и на Пушкинской площади.
- А Театральную площадь видели?
- Театральную? Видели.

3. - Ты первый раз в Москве?
- Нет, второй.
- А твои друзья?
- Они приехали в Россию впервые.

4. - А вы когда прилетели в Россию?

75) 의문문에 접속사 'A'가 추가되어 시작하는 것은 전형적인 구어체 특징이다.

- Две недели назад.
- А в центре города и в Кремле вы уже были?
- В Кремле? Конечно, были.

- Давайте почитаем.

Друзья, Вас ждет незабываемая экскурсия на фабрику мороженого «Чистая линия»

<u>12 мая (суббота)</u>

<u>В плане мероприятия:</u>

- экскурсия с экскурсоводом по фабрике «Чистая линия»;

- мастер-класс по украшению мороженого;

- дегустация мороженого;

- ПОДАРОК – целая корзина с продукцией компании «Чистая Линия»!!!

И конечно же, новая лексика и много интересных фактов о мороженом на английском языке.

Экскурсия проходит в сопровождении педагога «EL»

Ограничения по возрасту: с 7 лет
Продолжительность экскурсии: 1 час 30 мин. (начало в 16:15)
Стоимость: 3500 руб.

Запись на экскурсию - до 27 апреля 2018г.

Продукт Чистая Линия trade mark

EL EnglishLand школа английского языка

참고문헌

강덕수. 러시아문장의 이해. 2014.

김민수 역. 러시아어 구어연구. 2008.

김성완. 러시아어 슬랭의 주제별 그룹에 대한 연구. 비교문화연구 23집. 2011.

김성완. 현대 러시아 젊은 세대의 '슬랭' 연구. 노어노문학 제33권 제4호. 2021.

김성완. 현대 러시아어 '축약'(аббревиация) 현상 고찰. 슬라브학보 제28권 4호. 2013.

김성완. 현대 러시아 젊은층 '은어' 고찰: 어휘-의미론적 특징을 중심으로. 슬라브연구 30권 1호. 2014.

김성완. 현대 러시아 젊은 세대의 '슬랭' 연구. 노어노문학 제33권 제4호. 2021,

김윤진 외. 문학 번역의 이해: 번역가들의 실전 어드바이스. 2007.

김진규. 러시아 문학어사에서 역사문체론의 위상. 슬라브학보 19권 2호. 2004.

김진하. 문법 교육을 넘어서-문체론적 접근. 한국프랑스어문교육학회 학술대회자료집. 2014.

김흥수. 문학텍스트와 문체론. 한국어학 25. 2004.

박영순. 문체론의 성격과 문체 유형에 대하여. 한국어문교육 59호. 1992.

박진근. 영어도 함께 공부하는 최신 러시아어 문법. 2001.

신인환. 한국어 발화 장면의 공식성과 격식성 연구. 한민족 문화연구 59권. 2017.

이명자. 러시아어의 구조. 2007.

이선경. 러시아어권 한국어 학습자를 위한 한국어 보조사와 러시아어 양상소사의 사용역 연구. 단국대학교 대학원. 2018.

이용권. 정통러시아어문법. 형태론. 2012.

이용권. 정통러시아어 문법. 통사론. 2013.

이항재. 뚜르게네프의 언어와 문체 연구. 러시아어문학연구논집 3권. 1997.

이혜승. 단어와 번역의 문제 -러시아어 양상 소사의 한국어 번역을 중심으로-. 통역과 번역 제3권. 2001.

조남신. 현대노어학개론. 1997.

조희숙. 러시아 동의어 시스템 상의 고유어와 차용어의 문체적 용법차이 비교연구. 노어노문학 17권 1호. 2005.

표상용. 노어학개론. 1997.

표상용. 러시아어 사람 이름에 대한 연구. 슬라브학보 제17권 2호. 2002.

Аванесов Р.И. Русское литературное произношение. 1984.

Алексеева В.А. Практическая стилистика русского языка. Функциональные стили. 1982.

Баско Н.В. Общаемся на русском. 2016.

Бельчиков Ю.А. Практическая стилистика современного русского языка. 2008.

Зигуненко С.Н. Словарь пословиц и поговорок. 2015.

Кожина М.Н. стилистика русского языка. 1993.

Лысакова И.П. Практическая стилистика русского языка для учащихся с неродным русским языком. 2007.

Ожегов С.И. Словарь русского языка. 1990.

Панов М.В. Русский язык и советское общество. Фонетика современного русского литературного языка. 1968.

Розенталь Д.Э. справочник по правописанию и стилистике. 1997.

Рубцова Е.А. Лингвокультурологический анализ молодежного сленга начала 21 века. дисс. канд. наук. 2009.

Словарь русского языка в четырех томах Т. 1. 1985.

Солганик Г.Я. Стилистика текста. 1997.

Щерба Л.В. О разных стилях произношения и об идеальном фонетическом составе слов. Избранные работы по русскому языку. 1957.

김성완(金聖完)

한국외국어대학교 러시아어과 학사, 석사
모스크바국립대학교 러시아어과 박사
우즈베키스탄 타쉬켄트 소재 동방학대학 한국어과 교수
한국외대, 경희대, 경상대 등에서 강의
현) 계명대학교 러시아중앙아시아학과 교수

러시아어 문체론

стилистика русского языка

초판 1쇄 발행 _ 2022년 6월 30일

저 자 · 김 성 완
발행인 · 정 현 걸
발 행 · 신 아 사
인 쇄 · 대명프린팅
주 소 · 서울특별시 은평구 통일로 59길 4 (2층)
전 화 · (02) 382-6411 팩스 · (02) 382-6401
홈페이지 · www.shinasa.co.kr
E-mail · shinasa@daum.net
출판등록 · 1956년 1월 5일(제9-52호)

ISBN: 979-11-92428-26-0(93790)

정가 15,000원